酿话 ◎ 策划

白酒风云录
中国白酒企业史
（1949—2024）

张小军 马玥 熊玥伽 ◎ 著

❷

浓香潮来

电子工业出版社
Publishing House of Electronics Industry
北京·BEIJING

改革开放如春风拂面，**中国大地**拥有前所未有的**活力**并开启变革。在这场**波澜壮阔**的历史进程中，**白酒市场**也迎来了它的**春天**，逐渐展现出前所未有的**繁荣景象**。在**众多白酒品类**中，**浓香型白酒**成为市场上的**主流**。

本书读点及思考

浓香型白酒的**崛起**和市场份额的**快速增长**

行业内的**竞争**与**合作**，企业间的**并购**与**重组**

浓香型白酒酿造技术的**创新**与**传承**

市场营销策略对浓香型白酒市场的影响

总　序

FOREWORD

跌宕起伏的白酒史诗

白酒风云录
中国白酒企业史（1949—2024）：
浓香潮来

在浩瀚无垠的历史长河中，中国白酒犹如一颗璀璨的明珠，以其独特的魅力，镶嵌在中华文化的璀璨星空中。在这个繁荣而多变的时代，白酒作为中华文明的瑰宝，承载着深厚的文化内涵和历史记忆。白酒见证了中华文明的兴衰与更迭，也映照出无数酿酒人的智慧与汗水。作为酿话品牌的发起人，我深感有责任和义务去记录这段波澜壮阔的历史，让更多人了解白酒行业的发展变迁，感受白酒文化的博大精深。

一、撰写之缘起：传承与探索

从1949年到2024年，中国白酒行业经历了从家庭作坊到工业化、市场化和多元化的发展。新中国成立之初，各地传统的烧坊相继合并，国营酒厂登上历史舞台，白酒行业开始从家庭作坊转向工厂化，中国白酒工业化开启。同时，全国展开以总结传统经验为特征的大规模白酒试点研究，当今白酒行业品牌的基石经由数次全国白酒评选大会逐步奠定。20世纪80年代的"汾老大"崛起之后，各种香型的白酒开始崭露头角，此后的40年，清香—浓香—酱香的变化可谓跌宕起伏。

从产业变迁的视角看，白酒行业经历了从计划管理到逐步市场化的过程。在每个发展阶段中，如何适应政策变化、如何推出适应市场需求的产品、如何提高渠道管理水平、如何讲出更精彩的中国酒故事，是各家酒企的竞争核心。

酿话团队策划这部作品，旨在记录1949年到2024年跌宕起伏的白酒行业历史，呈现出一个真实、全面、生动的白酒世界。通过深入挖掘和梳理白酒行业的发展脉络，我们希望能够揭示白酒行业的本质和规律，成为白酒行业的发展参考，为白酒企业的成长助力。

同时，我们希望通过这部作品，让读者能够跨越时空的界限，深入感受白酒行业的变迁历程，领略白酒企业的奋斗精神，品味白酒文化的独特韵味；通过这部作品，让更多人了解白酒文化的深厚，感受白酒带来的美好。希望这不仅是一部记录中国白酒行业历史的作品，更是一部深入探索、传承白酒文化的鸿篇巨著。

二、作品之架构：分册与整体

在这部作品中，我们尝试将中国1949年至2024年的白酒行业历史，以清香、浓香、酱香三种香型为主要线索进行梳理和记录，考虑到作品体量和便于阅读，这部作品将分成三册出版。这三册图书，分别以"清香风起""浓香潮来"和"酱香浪涌"为主要内容。

将中国白酒行业从1949年到2024年的历史按照清香、浓香、酱香三种主要香型进行分段是一项颇具挑战性的任务，因为白酒行业的发展并不严格按照这三种香型的时间线独立演进。不过，为了构建一套清晰且有趣的作品，可以基于这三种香型的崛起、发展和影响来大致划分时间段。

回望酒业路，时感酒海沧桑，如何为中国白酒行业的史诗历程做出注解？时忆起曹操的《观沧海》：

> 东临碣石，以观沧海。
>
> 水何澹澹，山岛竦峙。
>
> 树木丛生，百草丰茂。
>
> 秋风萧瑟，洪波涌起。
>
> 日月之行，若出其中；
>
> 星汉灿烂，若出其里。
>
> 幸甚至哉，歌以咏志。

回到作品架构上来，这种划分并非严格遵循时间线，而是基于三种香型的白酒在特定历史时期的市场影响力与发展趋势所做的艺术化处理，我们希望通过这样的划分，为读者提供一个更加生动、直观的视角，来探索白酒行业的辉煌与变迁。

中国白酒的香型众多，其中尤为人熟知的是酱香型、浓香型和清香型。除了以上三大香型，中国白酒还有多种其他香型，如兼香型、米香型、董香型、芝麻香型、豉香型、凤香型、特香型、老白干香型、馥郁香型等。每种香型都有其独特的特点和代表产品，满足了消费者多样化的口味需求。此外，一些知名酒企还拥有多种香型的产品，比如郎酒有三种香型的白酒，分别是酱香型、浓香型、兼香型。

中国白酒的每种香型都有其独特的魅力和消费群体。"花开堪折直须折，莫待无花空折枝。"每一种香型的白酒，都如同盛开在中华大地上的花朵，各有其独特的芬芳与魅力。清香型白酒，以其纯净、优雅的香气，如同春日的桃花，清新脱俗；浓香型白酒，如同盛夏的牡丹，馥郁芬芳，尽显华贵；酱香型白酒，如同深秋的红叶，深沉内敛，回味无穷。

中国白酒行业的发展具有明显的地域特征。从北到南，从东到西，各地的白酒都承载着当地的文化与风情，形成了各具特色的香型，在香型的划分上充满多样性与丰富性。必须说明的是，我们并非不尊重其他香型或忽视其他香型的存在，而是希望通过对这三种香型的深入剖析，来展现中国白酒的大趋势及发生的变化。我们在以三大香型为主干进行描绘的同时，尽量兼顾了同时期其他香型具有代表性的企业的事例，主要标准是其在白酒行业的影响力，包括从现在的视角来评价当时之事是否对未来产生了重大影响。

"海纳百川，有容乃大。"一个繁荣的市场，应当是百花齐放的。我们期待各种香型的白酒都能在市场上蓬勃发展，满足消费者日益多元化的需求。正如古人所言："各美其美，美人之美，美美与共，天下大同。"各种香型的白酒，各有其美，各有其独特之处。只有当它们都能够得到充分的展现和发展时，中国白酒市场才能真正实现繁荣与和谐。

此外，我们也试图对这三册图书做一个时间上的分割，但任何行业的发展都有前因后果，难以一刀两断，我们主要以香型为主线展开，同时也涉及其他多种香型白酒的发展情况。这样的划分方式有助于读者更加清楚地了解白酒行业的发展脉络和趋势。

同时，我们要强调的是，白酒行业的发展并不是孤立的，而是与社会、经济、文化等多个方面密切相关。在这部作品中，我们不仅记录了白酒行业的发展历程，还深入探讨了白酒行业与社会、经济、文化等方面的关系。我们将通过丰富的案例和深入的剖析，呈现一个全面的、立体的白酒行业，让读者在了解白酒行业的同时，感受到中华文化的博大精深和多元包容。

三、细节之雕琢：生动与价值

我们采用切片式、讲故事的方式来呈现白酒行业的历史。受制于篇幅与研究能力，无法展现所有方面和各个细节，但我们通过选取具有代表性的历史事件、人物和企业进行写作，尽力揭示出白酒行业的发展规律和趋势。这种切片式记录的方式，不仅有助于我们更好地把握白酒行业的本质和规律，还能够让读者更加直观地了解

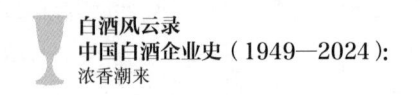

白酒行业的历史和发展脉络。

在撰写过程中,我们注重讲述企业故事,并尽量讲得生动。

为了深入挖掘重大历史事件背后的故事,深度还原历史的真实面貌,酿话团队总是在路上。我们曾在茅台镇驻扎12个月,见证过从一粒高粱种子到一瓶茅台酒的出生,也曾在一个倾盆大雨之夜寻找习酒70多年曲折向上的成长奥秘。

2024年3月,酿话团队派驻人员到江苏,去"福泉酒海清香美,位占江淮第一家"的洋河,思考当年的"二次创业"是如何与现在进行连接的。

2024年3月,我们到四川古蔺,追问赤水河左岸郎酒庄园的红花郎如何成为超级大单品,红遍大江南北。

2024年4月,我们在山西杏花村老酒坊,从汾酒之源探秘汾酒在跌宕起伏之后如何再次书写精彩篇章。

…………

我们关注不同白酒企业的成长历程和发展策略,让读者能够感受到其奋斗精神和创新精神。同时,我们注重通过生动的语言和形象的比喻,让作品更加易于理解和接受。希望读者在阅读本部作品的过程中,不仅能够获得知识,还能够感受到阅读的乐趣和文化的魅力。

四、行业之未来:激荡与积聚

通过本部作品的策划和撰写,我们深刻感受到了白酒行业的博大精深和跌宕起伏。虽然我们无法完全展现所有方面和各个细节,但我们相信，本部作品能够为读者提供一个全面而深入的了解白酒行业的窗口。在未来的日子里，我们将继续致力于讲好酒故事，开酒上菜说酿话，为白酒行业的发展贡献自己的力量。

酿话团队将继续关注白酒行业的发展动态和市场变化，致力于为白酒行业的成长提供有益的帮助和支持。同时，我们也希望通过本部作品，激发更多人对白酒文化的兴趣，让白酒文化在新时代焕发出新的生机和活力。

回顾中国白酒行业从1949年到2024年的发展，我们不禁对其未来充满期待。随着经济发展和消费结构升级，中国白酒行业正在进入"无人区"。无论龙头企业还是新锐力量，每一步探索都是新的。在这个大背景下，白酒企业需要不断创新和进取，不断提升自身的品牌价值和市场竞争力。同时，白酒行业也需要加强与其他行业的跨界合作和融合创新，推动整个行业的转型升级和可持续发展。

未来的白酒行业，将更加激荡与积聚！

本部作品是酿话团队精心策划和撰写的一部作品。在撰写过程中，我们付出了巨大的努力和心血，但也深感自身的不足和局限。因研究视野和水平有限、资料缺失等，我们的作品难免存在不足之处。然而，我们始终坚信，只有不断学习和探索，才能不断推动白酒行业的持续、健康发展。

感谢所有为白酒行业的发展做出贡献的人们。是你们的努力和付出，才有了今天丰富多彩的白酒文化和繁荣发展的白酒行业。希望未来能够有更多的人加入到白酒行业的研究和传承中，推动中国白酒健康发展。

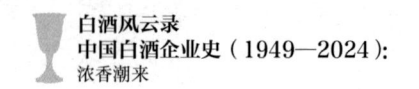

历史的长河浩渺无垠，中国白酒行业的发展历程也充满了复杂性和多样性。虽然我们尽力去挖掘和梳理历史资料，但仍然难以完全展现所有方面和各个细节。同时，由于资料的缺失和不完整，我们在某些方面的论述也可能存在偏颇和不足。

欢迎读者与我们交流、共同探讨，请致电邮5256100@qq.com。

酿话 发起人　康成

2024年5月20日　成都

前言

PREFACE

中国白酒行业的发展，起起伏伏。清香之后，浓香登场。

1994年，在中国西南宜宾，五粮液酒厂传出一个振奋人心的消息：五粮液登上了中国白酒营收排行榜第一名！

这个消息被刻印到白酒行业发展史中，足以成为鲜明而突出的一个大事记节点。五粮液是浓香型白酒的代表，它登顶中国白酒营收排行榜，释放出浓香型白酒崛起的信号。

新舵主，新江山。五粮液领衔的浓香型白酒风潮，见证了中国白酒行业的一段黄金时代。因此，五粮液登顶的1994年，被我们选为撰写本书的时间起点。

从1994年到2012年，在这不到20年的时间里，中国白酒行业经历了戏剧般的跌宕起伏。

这段时间，白酒行业既经历了寒潮袭来的低谷时期，也迎来了蓬勃向上的黄金时代。1998年，在经济和政策双重影响下，酒企在寒冬中打响了精彩的生存之战。而到了2003年，酒企相继走出调整期，产能和营收一路上扬，创造了白酒行业独一无二的"黄金十年"（约2003—2012年）。这黄金十年中，浓香型白酒风靡全国，五粮液凭借渠道、营销和品牌上的超前打法，在白酒行业中一骑绝尘，使浓香型白酒成为黄金时代当之无愧的主角。

五粮液称王

我们在梳理白酒香型轮转的资料时发现，1998年是清香时代向浓香时代转变的关键时间节点。1998年之前，五粮液虽然取代汾酒成为白酒行业的新龙头，但汾酒及其他白酒"诸侯"皆蠢蠢欲动，五粮液的"王座"并未坐稳,浓香并未成势。但1998年后,金融危机、政策调整及骇人听闻的山西朔州假酒案爆发,一石激则千层浪起,在飘摇的行业泡沫中,山西汾酒逐渐告别"王座",五粮液最终成为白酒行业新龙头。

每一次行业调整,都是一次行业格局的深度洗牌。在五粮液的称王之路上,1998年的调整期是其重要转折点,但早期的实力铺垫期,却更为关键。

1985年,五粮液便开始韬光养晦,在扩产和提价两方面夯实基础。产能是五粮液称王的根基,而提价则是五粮液称王的养分。尤其是五粮液的三次大提价,堪称经典。第一次是1989年,五粮液抓住白酒进入市场化的风口,提价幅度超过泸州老窖。第二次是1994年,五粮液提价幅度超过汾酒。"赶泸超汾"后,五粮液奠定了坚实的品牌基础。1998年,五粮液进行第三次价格大调,超越茅台,成为白酒行业价格标杆。在提价过程中,五粮液创新运用控量提价的"饥饿营销"策略,通过控制市场上的供货量,为提价保驾护航,此策略为白酒行业首创。

除了创新白酒营销方式,五粮液在OEM(Original Equipment Manufacture,品牌买断经营)模式[①]上进行开拓,探索大经销商制(后简称大商制),并开了中国第一家白酒专卖店,为白酒行业开辟了新的销售方向。

20世纪90年代后期,即白酒市场化走过近十年之后,白酒产量激增,出现供过于求的局面。怎么把酒卖给消费者,成为酒企的难题。经销商是白酒市场化后,第一批接触到消费者的人,他们市场

---

① 指五粮液与经销商合作,负责代工生产某品牌产品,生产完成后,就将产品交给经销商营销售卖。

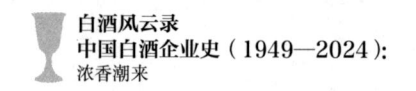

嗅觉敏锐，资源丰富。1994年，五粮液率先与一批大经销商建立合作，把产品交给他们全权代理销售，并开发OEM品牌，赢得了起跑线上的胜利。

20世纪90年代，得渠道者，得天下。五粮液创新的渠道打法，使其独步酒林，稳坐行业龙头。

演绎浓香时代

在五粮液的带领下，浓香型白酒强势崛起。西边，剑南春、泸州老窖、全兴大曲、沱牌曲酒等川酒集体兴盛。东边，洋河、古井贡酒等江淮派浓香亦发展红火。甚至北边的内蒙古河套王、山东的孔府家酒，华中的湖北黄鹤楼酒，都在浓香产地中占有一席之地。

东西南北中，浓香型白酒企业在全国遍地开花。山西省一些原本生产清香型白酒的企业，开始转为生产浓香型白酒。作为传统酱香型白酒主产区的贵州地区，也兴起了生产浓香型白酒的热潮。

2000年前后，浓香型白酒占据中国白酒市场的大半江山，占领了75%以上的市场份额，堪称"全国山河一片浓"。浓香风靡下，五粮液、泸州老窖、剑南春等名酒形成品牌效应，引领风潮，培养了目标消费群体的消费习惯，打造了浓香型白酒的消费环境。

市场大爆发

五粮液的龙头效应，不仅体现在浓香风靡全国上，更体现在贴牌产品的大爆发上。20世纪90年代后期，五粮液依靠OEM模式迅速扩张，占领市场。2002年，五粮液在高峰时期，发展了多达100

个OEM贴牌品牌。这些子品牌为五粮液连续多年稳居王座，作出了不可磨灭的贡献。

在五粮液引领下，其他白酒企业也纷纷跟进，开展贴牌产品的生产。泸州老窖、剑南春、郎酒、西凤酒、汾酒、茅台酒、古井贡酒等，都相继模仿五粮液的OEM模式，延伸主品牌的范畴，开发出了几十种子品牌。当时，消费者对于品牌还没有形成固定的印象，谁的子品牌多，谁便能占领更大的市场。因此生产贴牌产品成为那个时代的风尚，带来了产品大爆发。

产品大爆发，则带来了营销的大爆炸。为了开拓销路，2000年前后，各酒企在渠道建设上，锐意创新，大胆尝试。比如，口子窖首创"盘中盘"模式，将资源投放到高档酒店的餐饮小盘上，通过影响有影响力的人，带动目标大盘，成功占领合肥、西安、南京、郑州、济南等市场。古井贡酒另辟蹊径，创新深度分销制，通过派驻销售人员深入经销商内部，一对一对市场建设进行指导，并结合厂家组织力及商家客情及配送力的优势，完成市场终端的全面覆盖。新品牌小糊涂仙，因为大胆实施终端攻略、文化营销与人脉发动的"三位一体"营销战略，在市场上一炮而红。茅台汲取口子窖"盘中盘"模式的经验，开拓出了"团购模式"。前浪与后浪争锋，白酒行业拓宽了营销的整体思路。

比白酒营销战争更精彩的，是"高端酒战局"的开盘。21世纪初，改革开放已经超过20年，中国经济经过高速发展，消费者购买力显著提高，孕育出高端白酒生长的土壤。在这一时间节点上，全兴大曲抓住时代机遇，推出全新品牌"水井坊"，一举将价格提到600元，成为当时最贵的白酒，拉开高端白酒混战的序幕。随后，泸州老窖加入战局，高调推出高端品牌——国窖1573。不久，沱牌

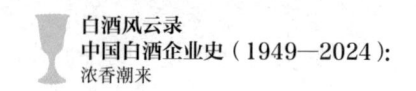

推出旗下高端产品"舍得",而后,剑南春也推出了"东方红"。众多原本走亲民路线的酒企争相推出高端产品,高端白酒战场日渐拥挤。

除了品牌方面的竞争,这一时期的酒企还顺应时代潮流,争相追逐上市风潮和民营化改制风潮。从1996年到2002年,有十一家[①]白酒企业相继上市。登陆资本市场,成为被行业追赶的对象,没有人甘心错过。为适应市场竞争,许多酒企还进行了民营化改制,调整组织架构,引入民间资本,促使酒企焕发活力。2001年,郎酒成为名酒改制的先驱,随后董酒、孔府家酒纷纷走上改制之路。随着水井坊被帝亚吉欧收购,外国资本进入中国白酒市场,结束了中国白酒行业是唯一没有被外资涉足的行业的历史。

产品爆发、营销战争、品牌竞技、酒企改制……在行业种种新的变化和尝试中,白酒逐步进入黄金十年。在这十年间,中国经济的腾飞,为酒业繁荣奠定了坚实的基础。

产业集中化

整个黄金十年,中国白酒蓬勃发展,行业持续处于上升周期。国家统计局数据显示,2002年,我国白酒总产量为378.47万吨,到2012年,白酒总产量达1135万吨。[②]十年间,产量增长大约三倍。2012年,白酒总体营收更是达到4466.62亿元,大约是十年前的十倍。

在这段时间里,头部酒企取得了跨越式增长。2002年,五粮液

---

① 分别为沱牌舍得、古井贡酒、水井坊、酒鬼酒、五粮液、金种子酒、顺鑫农业、伊力特、黄台酒业、贵州茅台、老白干酒。
② 摘自王传才的文章《中国白酒黄金十年的野蛮成长》。

集团营收率先突破百亿大关，引领中国白酒行业进入百亿时代，其中主营业务营收达57亿元。而到2012年，五粮液主营业务营收突破了270亿元，营收实现数倍增长，展现出行业龙头的强大实力。

在五粮液的带领下，整个白酒行业都在高速成长。2002年，营收超10亿元的白酒企业可以说寥寥无几，而到2012年，进入营收百亿俱乐部的玩家已经达到6家。[①]

2010年，中国报告网数据中心数据显示，中国白酒行业规模以上企业[②]达1607家，达到黄金时代的巅峰。

除此之外，黄金十年，白酒行业产业集群化效应凸显。2006年5月，泸州地区成立第一个酒业集中发展区，这成为中国白酒产业集群化发展的标志。2012年，四川联合贵州构建中国白酒金三角，这些产区的形成成为白酒产业集群化的独特符号，代表着白酒进入集约化经营时代。

黄金时代的竞争风云

黄金十年成就斐然，白酒行业风云际会，枭雄与布衣，纷纷登台亮相。刀光剑影中，最精彩的战役，当属茅台与五粮液的持续竞跑。黄金十年，五粮液在高速增长，但茅台的增长速度也在迎头赶上。2002年，茅台营收仅为18.34亿元左右，而2012年，茅台的主营业务收入达264.55亿元，实现数十倍增长。十年间，茅台韬光养晦，蓄力超车，在价格、渠道、营收上与五粮液展开了一场场精彩

---

① 摘自王传才的文章《中国白酒黄金十年的野蛮成长》。
② 在统计学中一般以年主营业务收入作为企业规模的标准，达到一定规模的企业就称为规模以上企业。

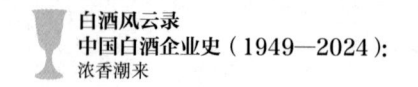

的竞赛，为下一次王座交接埋下伏笔。

黄金时代，浓香风靡。而除了浓香，其他白酒香型也在蓬勃发展。比如以贵州茅台为代表的酱香型，以江西四特酒为代表的特香型，以安徽口子窖为代表的兼香型，以山东景芝为代表的芝麻香型等，都迎来了自己的辉煌。

地域白酒的发展也生机勃勃。岭南米酒，坚守两广阵地，成为抵挡外埠酒的坚实防线。西北塞上，河套王、伊力特和青稞酒各凭本事，省内称王，据守一方。江西四特酒，率江西中低端白酒众部，形成群狼之势，抵挡五粮液、茅台、泸州老窖等全国品牌的市场侵占，守住了江西本土白酒70%的市场份额。西南方向，川酒成团，攻伐天下。江淮平原，名酒聚集，以图全域。湖南湖北，酒鬼酒与白云边各自突围，寻找高处。山东半岛，鲁酒转型，高树芝麻香型旗帜，以走出川酒留下的阴影。华北平原，牛栏山日夜兼程，向全国奔袭……

那是白酒行业阳光灿烂的日子，所有酒企都在奋发向上，黄金时代，一切皆有希望。

但在浓香风靡的盛世之下，同样潜藏着重重危机。行业高速增长，也带来了一些问题，比如资本膨胀、产能膨胀、产品膨胀。这些隐患暗埋，成为黄金时代终将结束的信号。

白酒黄金时代近20年，是市场觉醒后，酒业主体迸发向上的20年。在本书中，酿话中心将历史浓缩为一幅幅画面，以五粮液的崛起为主要线索进行串联，用文字全面展现浓香型白酒风靡天下的全过程及酒业群像的风云激荡。希望你一打开本书，就能看到一部白酒行业争锋的动态影像，了解这个时代的种种起承转合和是非恩怨。

目 录

CONTENTS

第一章
刀光剑影 _ 001

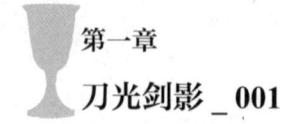

第一节 泡沫的顶点 _ 002
盛世秀：白酒的"新装" _ 002

勾兑门：秦池倒下了 _ 006

朔州假酒案激起千层浪 _ 009

第二节 寒潮来袭，打响生存战 _ 013
行业涌现危机 _ 013

舵主易位 _ 017

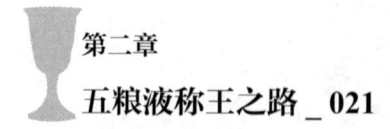

第二章
五粮液称王之路 _ 021

第一节 酒王诞生 _ 022
扩产即扩容，提价即提值 _ 022

酒业扩产 _ 023

商品提价 _ 026

转折1994：首个贴牌品牌 五粮醇试水OEM _ 030

开第一家白酒专卖店 _ 034

第二节 稳坐白酒头把交椅 _ 037
成为价格标杆，创新白酒营销 _ 037

改造OEM，扩大中端品牌 _ 040

全面开启多元化 _ 043

第三章
酒王定江山，诸侯分天下 _ 049

第一节　江山既定，浓香风成 _ 050
　　川酒开拔长江南北 _ 050
　　新势力打进老名酒大本营 _ 057
　　掀起浓香风潮 _ 060

第二节　抢占新"封地" _ 065
　　追逐上市，资本不眠 _ 065
　　高端酒战局开盘 _ 069
　　跑马圈地：营销革命与渠道战争 _ 074

第三节　资产重组，换血之途 _ 081
　　郎酒"地震"：一场行业瞩目的改制 _ 081
　　民营化风潮：告别国有身份 _ 084
　　牵手外资，探索白酒国际化 _ 087

第四章
棋逢对手 _ 093

第一节　五粮液的进退 _ 094
　　"削藩"：重塑品牌帝国 _ 094
　　七代水晶盒出世 _ 097

第二节　意想不到的挑战者 _ 100
　　茅台跑市场，广开销路 _ 100
　　铁打的老大，流水的老二？ _ 104

锋芒渐露_107

第三节　大发展的后遗症_112

产品阵营成了迷魂阵_112

金六福：经销商"离心"之患_115

第四节　"五茅"竞跑：一场拉锯战_120

价格追逐赛_120

渠道大较量_123

营收胶着：超越与反超越_125

第五章
中国酒业的黄金时代_131

第一节　一方水土养一方酒_132

岭南米酒：抵挡外埠酒的坚实防线_132

塞上风云，英雄各据一方_135

群狼驱虎：四特的"江西保卫战"_140

第二节　西不入川，东不入皖_144

川酒帝国，江淮名士_144

建酒业集群，聚战斗合力_147

凤凰涅槃：愈合与重塑_150

第三节　两湖风流，鲁酒复兴_155

白云边超车：城市包围农村_155

一路高歌，酒鬼酒挺进高端_159

鲁酒转型走出川酒阴影_163

第四节　市场之峰，刀剑相向 _ 167

　　　　　　走出地域：定点突破，精耕细作 _ 167

　　　　　　立稳脚跟：紧咬市场，蚕食鲸吞 _ 171

　　　　　　进军全国：水波式进发，板块式谋局 _ 175

后记　白酒的韵味，历史的回响 _181

致谢 _ 185

参考资料 _ 189

第一章

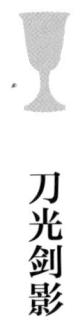

CHAPTER 1

刀光剑影

第一节
泡沫的顶点

盛世秀：白酒的"新装"

1992年的南方谈话，不仅推动了中国改革开放和经济发展的进程，也为中国白酒行业注入了新的活力。这一时期，五粮液投资8亿元，扩建窖池；沱牌酒厂秣马厉兵，走上收购之路；剑南春完成扩建工程，正式投料生产……

一时间群雄并起，盛况空前。

各酒企使出浑身解数站稳市场，谋求突破。最终，以五粮液、茅台、剑南春为代表的提价阵营成为新一轮改革热潮中的最大受益者。1994年，五粮液通过提价扩产，成功抢占行业制高点，树立起高端品牌形象。是年底，五粮液在全国利税十大白酒企业中排名第一，超越了刚上市的山西汾酒，顺利夺取行业龙头的宝座，成为酒王。

在白酒行业的高端格局初定后，伴随着民营经济的大跨步增长,白酒市场愈发活跃,产能因素不再成为限制各方交手的唯一标准。当卖方市场转入买方市场时,品牌营销成为各大白酒企业的开道利器。

电视广告投放是白酒品牌营销的主战场,竞争尤为激烈,视觉要素成为重要竞争力。五粮液在电视上大量投放广告,在消费者心目中树立起高端品牌形象。诸多大酒厂改组改制,融合资本,拓宽营销手段,加大营销力度。小酒厂也不甘落后,豫酒、徽酒和鲁酒等板块也不断涌现出优秀的地方酒企,它们凭借广告营销,风靡一时。

如果说电视广告投放是新时代的武功秘籍,那么央视标王就是一锤定音的制胜招式。作为影响力最广、公信力最强的国内电视媒体,央视的受众几乎涵盖了全中国人民。在1994年的第一届央视广告竞标会中,来自山东济宁鱼台县的孔府宴酒击败各路强敌,以3079万元的天价夺得魁首,斩获央视黄金时段广告播出权。

孔府宴酒是广告营销的好手,在夺得标王之前,就对白酒电视广告营销烂熟于心。1992年,孔府宴酒曾在西安电视台和当地公交车上铺满广告,成功打开西安市场;又借用1993年的济宁、武汉交流活动,投入大量广告,一举将孔府宴酒送至畅销白酒之列;在向外扩大市场的同时,利用媒体进行循环推广,成功进军东三省的各大城市。

于央视竞标成功后,"喝孔府宴酒,做天下文章"的广告语随即出现在央视整点报时等黄金时段,名不见经传的孔府宴酒霎时间家喻户晓,妇孺皆知。知名度跃升带来巨大的利益,订货单如雪花般纷至沓来,最疯狂的时候,酒厂门口的运货车辆绵延十里。仅夺标当年，孔府宴酒的销售额就从3.5亿元递增至9.18亿元，利税达3.8亿元。① 其主要经济指标也在整个白酒行业排名前三，成为鲁酒的代表。

孔府宴酒夺得标王自然而然地吸引了各大品牌商的目光。1995年11月，第二届央视广告招标会如约而至，规模之大比首届有过之而无不及。梅地亚中心，山东临朐秦池酒业的总经理姬长孔端坐在台下，目光如炬，对央视标王势在必得。

姬长孔是一名退伍军人，行事大胆果断，也是一名经营能手。1993年，他出任秦池酒厂厂长，此时酒厂每年的白酒产量只有1万吨，亏损严重，几近衰亡。走马上任后，姬长孔带领酒厂领导班子划定市场，专攻华北、东北和西北。在沈阳，秦池酒厂集中火力，将全厂50万元家底集中用于广告营销，电视广告、免费品酒、飞艇横幅，各式各样的营销手段成功吸引了消费者眼球，让秦池酒成为街头巷尾热议的话题。

仅仅一年，秦池酒厂在沈阳的销售额就节节攀升，收益颇丰。尝到广告带来的甜头，秦池酒厂又魄力十足，将赚来的钱全部投进广告营销中，不断扩大品牌知名度，抢占市场份额。当秦池酒厂在报纸上看到首届央视标王的报道后，觉得大有机会，深感可行，毅然效仿。孔府宴酒同样只是山东的一家小酒厂，它可以凭竞标翻身，秦池酒厂为何不行？经过一番准备，姬长孔作为秦池酒厂代表，带上3000万元支票，决定去央视与其他酒企一决雌雄。而这些支票，几乎是去年厂里的所有利税之和。

竞标会伊始，满怀信心的姬长孔就已经得知此届标王之争高手

---

① 摘自人民网的文章《央视广告招标大战烽烟再起 细数历届"标王"沉浮(2)》。

云集，竞争强度更胜以往。经过一番角逐，高潮来临。孔府宴酒和孔府家酒的出价都超过了6000万元，而秦池要想有一搏之力，则必须超过这个出价。想到孔府宴酒成为央视标王后的发展情况，姬长孔不再犹豫，如同程咬金半路杀出，出价6666万元，在整个竞标会上脱颖而出。秦池成功夺下第二届央视标王。

秦池一战成名，央视黄金资源的倾斜带来意料之外又在情理之中的结果。1996年，秦池获得了决定性的成功，销售额达9.5亿元，是前一年的5倍多。

秦池宛如新生，其品牌传遍大江南北。①

孔府宴酒和秦池的大获成功引发了品牌市场的营销热潮，白酒行业进入广告营销时代。各路英雄草莽纷纷登场，不少地方优势酒企虽然没有夺得标王，但凭借招数繁多的广告营销策略，不断突出重围，迅速崛起。鲁酒孔府宴酒、秦池，豫酒林河、张弓，皖酒双轮、种子等代表性地方企业依靠广告知名度迅速打开市场，形成竞争优势。

此时的白酒市场一片繁荣，广告营销大行其道，整个行业百花齐放，百家争鸣。1996年，宝丰酒厂斥巨资升级产品包装，占领品牌营销高地；古井贡酒在深圳证券交易所挂牌上市；丰谷酒统协资源，开始发力；沱牌酒厂于A股上市。几乎所有的酒企都欣然相信，中国白酒的前途一片光明。无法预料的是，在形势大好的背后，白酒盛世已是暗藏汹涌，新装染尘。

---

① 佚名. 老标王秦池陷入困境[J]. 企业活力, 1998(08): 45-46.

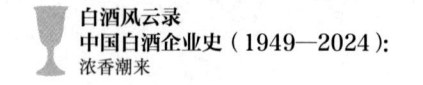

勾兑门：秦池倒下了

1996年不仅是秦池的高光时刻，也是中国白酒企业的大跨步阶段，大部分酒企都在迫不及待地扩张，扩张，再扩张。品牌宣传和广告营销成为企业扩大知名度的固定范式，似乎只要肯砸钱做营销，企业就会蒸蒸日上。

秦池酒厂成为新一届标王后，可谓自信张扬，春风得意。酒厂众人坚信竞争标王的策略没有错，品牌策划是一柄能够披荆斩棘的利刃。握有利刃，才握有未来。秦池酒厂开始着力打造新的品牌特征，策划确立了"永远的秦池，永远的绿色"这一符合时代潮流的品牌形象。

不止于此，在1996年秦池酒厂还先后投入数百万元，使用当时最先进的三维动画技术，为秦池品牌拍摄了契合该形象的广告片。秦池特曲产品也以绿色为底，依靠央视黄金时段广告的协助，风靡全国各地，甚至一瓶难求。营销不止于产品，秦池酒厂的标王情结愈演愈烈，其花费数千万元改造办公大厦，以磨砺刀刃，再掀风雨。

1996年11月，梅地亚中心，秦池再会群雄，剑指标王，秦池酒厂代表姬长孔自信如初。

然而，即使早有预料，三届央视广告招标会的竞争程度也远比姬长孔想象的残酷。广东爱多VCD以8000多万元的开价启幕，春兰空调报价1.68亿元，广东乐百氏跟价至1.99亿元，山东金贵酒厂报价破2亿元，山东齐民思酒厂追加到2.2亿元……来自全国各地的品牌商状如群狼，环伺着标王宝座。[①]

---

① 吴晓波.大败局[M].浙江：浙江人民出版社，2001.

何谓一战成名？此即一战成名。孔府宴酒和秦池已经为所有人打造了样板，知名度、销售额、企业形象，似乎只要竞得标王，这些都能唾手可得。

夺标之战如火如荼，姬长孔再也按捺不住，下场肉搏，最终投标报价高达3.212118亿元，比第二名报价高出1亿元。面对匪夷所思的报价金额，其余品牌商无奈放弃。姬长孔最终如愿以偿，将第三届央视标王留在了秦池。

事后有记者提问为什么会将3.212118亿元作为投标金额，姬长孔坦言，这一长串数字其实源自他的手机号码。[①]

对秦池而言，蝉联标王是一场不得不继续的豪赌。首届标王孔府宴酒自从1996年失去标王光环后，销量便大幅下滑。秦池如果不想重蹈覆辙，只能咬牙坚持，继续以小博大。

外界对于秦池的天价投标不置可否，《经济参考报》更是直言："秦池1996年预计销售额为10亿元左右，如果在次年想要履行3.2亿元的广告支出，销售额需要50%的涨幅。"这对于日渐饱和的白酒市场而言，是难以实现的奇迹。而秦池无暇顾及外界的声音，面对媒体的压力，依旧维持之前的经营战略，扩大营销战线，制造辉煌景象。

1997年1月，秦池被评为"中国企业形象最佳单位"，同月《经济参考报》刊登了一则新闻。新闻称记者暗访调查发现，秦池酒厂基地每年产酒只有3000吨，其产能根本无法负担膨胀的市场需求，只能从四川的小酒厂收购原酒，再勾兑售卖，维持销售。[②]

[①] 吴晓波. 大败局[M]. 浙江：浙江人民出版社，2001.
[②] 张建平. 电视广告"标王"秦池酒厂采访记[J]. 新闻三昧，1997(10): 14-16.

白酒风云录
中国白酒企业史（1949—2024）：
浓香潮来

这则新闻犹如向平静的湖面投入了一块巨石，调查结果与秦池的广告营销形象大相径庭。各大媒体纷纷转载《经济参考报》的文章，对秦池提出质疑。秦池陷入手忙脚乱的阵地，没有进行任何有效的公关。

于是，更大的社会舆论铺天盖地朝秦池涌来。"秦池身陷勾兑门""标王酒竟是勾兑酒"等报道在民间广为流传。一石激起千层浪，秦池的"勾兑门"事件，甚至引发了大众对于勾兑酒的重重质疑。

聚光灯下，舆论中心，任何缺点都会被无限放大，更何况是蝉联两届标王的地方酒企。秦池所具备的抗风险能力与其本身的实力有所差异。站在焦点，秦池遭受舆论压力，品牌效应不再，销售情况举步维艰。

饱受煎熬的秦池遭到了前所未有的冲击，省内外的销售情况接连受阻。各级代理商如鸟兽散，到1996年年底，秦池不仅没有完成预期15亿元的销售目标，销量甚至不如前一年，只有6.5亿元。

面对管理、生产、公关等多个环节的疏漏，秦池显得毫无招架之力。可以说，勾兑事件暴露出秦池高速发展过程中最短的那块木板，使其弱点显露无遗，事件所引发的连锁反应致使秦池一蹶不振。秦池步首届标王孔府宴酒后尘，再无回天之力，后来因欠款被拍卖商标，最后黯然离场。

20世纪90年代，中国白酒行业群星璀璨，广告营销风靡一时。各大酒企能人辈出，另辟蹊径，以营销制胜，推动了白酒行业的进一步发展。孔府宴酒、秦池等地方酒企更是勇夺央视标王，乘风直上，进军全国。即使这些酒企如昙花一般初现即逝，但仍旧为广阔的市场提供了发展的路径。

秦池之兴起与覆灭,是中国白酒行业电视广告营销的典型案例,也是整个行业营销风潮高涨下的缩影。后来的央视标王之争再没有出现前几届的血雨腥风和孤注一掷,各大品牌商对标王桂冠的竞争热情,也随着越来越多的营销方式而退却不少,广告营销也逐渐变得多样化和常态化。

无法否认的是,品牌营销的确是制胜的重要招式,在刀光剑影的白酒行业中,欠缺内功、忽略根本,才是巨大的隐患。如同秦池,锐意开拓、勇于夺标并非错误,但因其自身"内力不足"难以匹配市场需求,不得不收购基酒进行勾兑,最终陷入舆论风波。秦池的结局如在目前,然而,令所有酒企无法预料的是,白酒行业的繁荣已成为泡沫。在盛世的顶点,泡沫终散,行业将迎来一轮深度调整。

朔州假酒案激起千层浪

1998年1月23日,临近除夕,山西朔州平鲁区某医院接收了一名危重病人。病人呕吐不止、呼吸困难,疑似工业甲醇中毒,还未送至急救室抢救就已死亡。隔天,医院又接收了两名病人,其中一名病人的症状与前一晚的病人相似,经抢救无效死亡;另一名病人因有高血压病史,急需转院,车行半途不幸死亡。

1月26日,医院又陆续接收了数名症状类似的病人。经调查,他们与之前的三名死者一样,都饮用过散装白酒,医院方初步认定为白酒中毒。截至当晚9点,仅该医院一家单位所接收的病患死亡

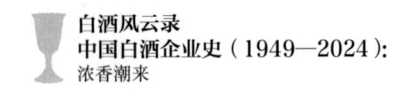

人数已经高达9人。① 与此同时，山西吕梁、大同等地传来相关消息，各地发现了类似情况。经测定，致死白酒每升含甲醇361克，超过国家标准902倍。

这个事件，就是震惊全国的朔州假酒案。像一本悬疑小说的开头，朔州假酒案甫一登场便已骇人听闻。而接下来，随着事件调查的深入，假酒案在中国酒业引起轩然大波。

在得知多人饮用假酒中毒后，朔州市政府紧急调令，作出指示。区政府人员连夜赶往辖区内的乡镇村，下发通知，回收毒酒；公安局负责立案侦查，抓获嫌犯；工商局负责封存相关白酒，查封销售点；各地医院实行紧急救治，制订抢救方案。1月27日，正值春节联欢晚会播放期间，一则警示信息轮番播送，提醒市民不要饮用由清徐、文水、孝义生产的散装白酒。

经过彻夜追溯，连日清查，朔州警方抓获了文水等地的假酒涉案人员，捣毁查封了100多个散酒销售点。然而在短短数日内，此次假酒案的涉及人数已多达千人，因喝散装白酒中毒入院的有222人，死亡人数达27人。②

制作假酒的源头是山西吕梁文水县的王青华夫妻，他们原本是当地的农民，以前开过酒坊、卖过真酒，但因经营不善最终倒闭。王青华偶然听说工业酒精掺水后可以充当假酒，于是四处打听，寻觅工业酒精卖家，最终找到了太原市南郊区的"宇誉溶剂加工部"，以低价买回一批工业酒精。

---

① 叶柏林. 追记山西朔州假酒案的前前后后——绝不能让假酒引发的悲剧屡次重演[J]. 中国质量万里行, 2020(01): 18-21.
② 丁峰. 谁把酒水酿成泪水——写在"朔州毒酒案"四年后[N]. 北京青年报, 2002-02-08.

王青华夫妻将工业酒精加水制成白酒，出售给了王晓东、杨万才等个体户批发商。因为临近春节，假酒很快就售卖一空。王青华又多次前往太原买回工业酒精，其间，宇誉溶剂加工部的陈春明提醒他工业酒精中含有甲醇，不能饮用。但王青华和其下的批发商认为没有风险，于是置之不理。

武保全、武保利、王瑞同为文水县人，得知王青华靠工业酒精获利后，也找到陈春明购买酒精，制作假酒，售卖给汾阳市中杏酒厂。厂长高世发在明知甲醇有毒的情况下，还多次购买假酒，并将其制为礼品酒进行销售。

利益染红的双眼成为假酒流通的缘由，倾销网络将甲醇严重超标的假酒分拨至各个销售网点，朔州市更是其中的重灾区。此案中王青华、武保全、武保利等6人被判处死刑，其余涉案人员也受到了相应处罚，但1998年的春节不可避免地成了山西人心中挥之不去的阴影，谈酒色变。悲痛之余，因假酒案引发的震荡却还在持续发酵。

当时，假酒已经流入全国多个省份，其中最为严重的是黑龙江省，数个经销部从汾阳市中杏酒厂购入20余种有害白酒，多达200吨。山西朔州假酒案新闻报道占据了各大电视台，引发了全国人民的强烈反响。一场全国性的打击假酒运动由此展开，意料之中的是，受舆论影响，所有山西酒都受到了抵制。

"劝君莫饮山西酒"的呼声让山西酒业的销量骤减。假酒案中的汾阳市中杏酒厂更是成为众矢之的。山西酒中翘楚杏花村汾酒同样不可避免地受到牵连，遭受抵制，春节高峰期销售量更是从往年的1500吨骤降到400吨。山西酒业受到重创。

白酒风云录
中国白酒企业史（1949—2024）：
浓香潮来

寒潮从朔州吹向全国，逢年过节顾客云集的白酒门店，门庭冷落。茅台、五粮液、剑南春等一众名白酒都不同程度地受到波及。假酒害人的阴霾笼罩在整个白酒市场上空，引发了一场史无前例的酒业市场调查和监管浪潮。

视角上抬，纵观白酒发展史，当时繁荣的白酒市场下早已暗流涌动，而朔州假酒案则成为引爆行业积弊的导火索。1988年，名酒定价权落到各酒厂手中，市场化大潮为中国白酒解绑，白酒产量猛涨，价格走势惊人。早期缺乏规划和监管的白酒行业，又在央视标王的刺激下，陷入另一场广告营销赛的角逐。无数期待一蹴而就的小酒企，希望像标王一样实现跨越。火爆的市场，使得部分逐利者进行非法白酒工厂的运营，造成假酒流通。积弊已久的祸患，以朔州假酒案为契机，暴露在市场面前。

因此，削弱标王效应，减少质量风险，构建完善的产销体制，净化白酒市场已经势在必行。朔州假酒案，成为中国酒类市场监管的分水岭。

1998年2月，《关于严厉打击制售假酒和其他假冒伪劣商品违法行为的紧急通知》发布，白酒行业开始实施生产许可证制度。3月，《关于粮食类白酒广告宣传费不予在税前扣除问题的通知》发布，进一步削弱了广告营销对白酒行业的促进作用。

此外，国家开始实行从价从量复合征税，对中小白酒企业造成极大影响。亚洲金融危机的余波未去，朔州假酒案又激得千层浪起。行业短暂的繁荣期已经过去，无论名酒企业，还是中小酒企，摆在其面前的是重建秩序这条唯一路径，它们将直面衰败，反思求存。

第二节
寒潮来袭,打响生存战

行业涌现危机

中华人民共和国成立以后,中国白酒行业的发展历程清晰可见,呈现明显的周期性变化。在行业初期,从私人烧酒作坊到地方国营酒厂,白酒行业如大部分行业一样有序演变,逐渐规模化、工业化。1949年至1985年,整个白酒行业处于积蓄力量、缓步发展的阶段。行业力量、技术、品牌只是初具雏形,还在不断汲取营养。

改革开放的热潮蔓延至白酒行业。1988年,政府出台放开名酒价格管制的政策,将名酒价格交给市场决定,改变了白酒的价格格局。随之而来的是政府对白酒行业的细微调控,加强名酒产销、协调名酒价格、整顿酒类商标等措施,无一不说明了国家对于白酒行业的重视。

然而1988年末,通货膨胀初现端倪,为了缓解供求失衡状态,中国陆续实行了三年的通货紧缩政策,还出台政策,限制政府白酒

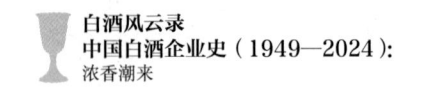

消费，对需求端进行主动控制。整个白酒行业的发展不可避免地放缓了。

  1992年后，南方谈话将改革开放推入新的阶段，白酒行业因此踏上了发展的快车道。不仅名酒企业发展迅猛，许多地方性酒企也不断涌现出来。生产规模和营销手段也随着时代的进步不断优化。这一阶段，白酒产量迅速增长，从1992年的547.43万吨猛增到1996年的801万吨。[①]

  从数字上看，800多万吨的白酒年产量无疑是白酒需求量逐年递增的结果。实际上，当时全国白酒的总需求量只有500至600万吨。产销失衡导致了许多严重的行业问题，包括积压存货的企业亏损倒闭，白酒市场竞争愈演愈烈。

  伴随着市场每况愈下，1997年中旬，一场席卷亚洲的金融风暴不期而至。1997年7月2日，泰国改变了外汇政策，将原有的固定汇率制改为浮动汇率制。

  这个在国际大事中看似不起眼的政策，却引发了一场波及整个亚洲的金融危机。美国趁此提高利率，美元随之升值，一些国际货币投机势力则不断攻击新加坡、马来西亚、泰国、日本、韩国等多个外向型经济国家的货币，使其出口不断下降，产生了不同程度的经济衰退。

  此次金融危机虽然并未对中国产生直接的危害，但也从宏观角度改变了国内当时的经济环境。中国急速发展的经济势头暂缓，固定资产投资增速同样放缓。倾巢之下未有完卵，趋于饱和的白酒行业开始反弹。

[①] 马勇. 中国白酒三十年发展报告（上）[J]. 酿酒科技，2016(02): 17-22.

第一章 刀光剑影

　　1997年，中国白酒年产量较1996年有所回落，降低了2.49%。金融危机并未直接影响中国酒业的发展，但紧随其后的山西朔州假酒案彻底引爆了行业危机。

　　假酒案后，关于山西白酒的负面新闻见诸报端。山西无数酒企关停倒闭，酒厂工人失业下岗。事态愈演愈烈，各地政府开始清查山西白酒销售情况。国家也出台了一系列政策，保障白酒生产和销售安全。山西朔州假酒案的负面影响长久而深远，如果说亚洲金融危机是从宏观层面对白酒行业造成了影响，那么假酒案则是从微观层面给白酒行业带来了前所未有的冲击和挑战。

　　国家出台的一系列政策，白酒行业进入深度调整期，这彻底改变了行业格局。

　　金融危机、假酒事件，以及相关政策所引发的行业调整像台风一样席卷全国大小酒企，整个行业迈入寒冬。产能的波动，最能体现寒冬的逼人寒意。1997年，全国白酒产量达到708.7万吨，而到了2002年，全国白酒产量却陡降至378.5万吨，年复合降幅达11.8%。[①]

　　山西朔州假酒案不仅引发了产能危机，还让行业与消费者之间产生了信任的鸿沟。消费者不约而同地将"勾兑"视作洪水猛兽。实际上，作为促发白酒风味成型的工艺，勾兑本是正常的行业操作。"勾兑"一词变得人人喊打，就连各大名酒企业也讳莫如深。

　　整个1998年，白酒市场态势极度疲软，不少名酒滞销。其中，山西汾酒受假酒案影响，省外市场萎缩70%，全国化扩张步伐受阻，直到2000年后才转危为安，恢复元气。

---

① 赵国防.白酒深度复盘之产业竞争要素篇[R].福建：兴业证券，2021.

白酒风云录
中国白酒企业史（1949—2024）：
浓香潮来

汾酒、古井贡酒等选择降价的名酒企业因为难以定位高端，无法实现逆境增长。除此之外，一大批广告酒销声匿迹，整个白酒行业从广告竞争转为渠道竞争。

酒企开始使出浑身解数应对寒潮带来的影响。一些具有前瞻性的企业抓住机会，不仅走出困境，还脱颖而出，快速占领市场。茅台在此期间实行市场化改革，刺激产业发展；水井坊占领高端市场，成功转型；口子窖利用"盘中盘"模式成功突围，实现反转。在这些逆流而上的酒企中，五粮液成为最大赢家，始终维持着较高的增长率。

而另一些酒企，则被市场淘汰，消失在行业的变革之中。物竞天择、适者生存的丛林法则，不仅适用于物种之间的竞争，更与商业环境相互映照，催生出行业生存之战。面对中国白酒行业的变革态势，无论老牌名酒，还是新兴黑马只能尽锐出战，力求不被时代抛弃。

但市场行情风云变幻，一次风波、一项政策、一起案件，就足以对行业造成不可挽回的影响。面对寒潮侵袭，有的企业的品牌价值一降再降，消费信用一损再损，甚至不少酒企马失前蹄，被淹没在行业的洪流之中。

行业始终保持动态变化，在市场化的经济环境中，适者生存是客观真理。一方面，山西朔州假酒案作为导火索对整个行业产生了严重影响，揭开了中国白酒行业艰难调整的序幕；另一方面，山西朔州假酒案也破坏了供不应求的行业现状。假酒案后，消费者对白酒，特别是山西白酒的印象急转直下。此外，政策的限制进一步降低了行业发展热度，抑制了人们对于白酒的需求。

多年以来，行业内的扩建战略引发了相反的结果，由于需求萎缩，供过于求，白酒市场迎来挑战。寒冬来临，消费者不再买单，白酒品牌越来越多，使双方身份互换，卖方市场转变为买方市场。

舵主易位

1998年2月6日，山西汾阳杏花村汾酒集团原董事长高玉文站在办公楼会议室的窗台边，望着汾酒园区内张灯结彩的景象，心里却一片苦涩。黑压压的人群从门口鱼贯而入，他们都是汾酒的高级干部，前来参加全厂范围内的扩大会议。与会者众多，但每个人都心事重重，会议在压抑的氛围中展开……

汾酒集团是一家历史悠久的老牌酒企，汾酒作为已有几千年历史的山西名酒，其依托于源远流长的酿酒习俗，凭借着充沛的原料和优质的水源创下辉煌的成就。从"汾清"到"汾酒"，汾酒集团跨越时光，自杏花村缓缓走出，杜牧的《清明》一诗更是将汾酒与当地文化紧密联结，使其成为历史底蕴深厚的名酒。

早在20世纪初，汾酒就已经展现出独特的魅力。在1915年的巴拿马国际博览会上，汾酒在全世界众多酒类产品中脱颖而出，斩获一等优质金质奖章。在前四届全国评酒会上，汾酒更是连续四次荣获国家名酒称号。汾酒在中国白酒行业发展的初期表现突出，获得首家酒类企业国家质量管理奖、首家白酒行业上市企业、首家酒类国家大型一档企业等荣誉。

20世纪80年代末到90年代初，汾酒是当之无愧的中国酒魂。"汾老大"之称源于汾酒在1988年到1993年连续5年，销售收入和经济

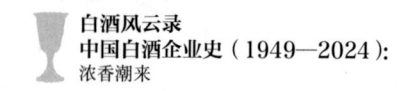

白酒风云录
中国白酒企业史（1949—2024）：
浓香潮来

效益位居全国食品饮料企业之首。①那时是汾酒的高光时刻，也是清香王朝开疆扩土，占据香型主流的阶段。对于早期的白酒行业而言，汾酒为其他白酒企业树立了标杆，推动了改革开放背景下的白酒行业进程。

然而，白酒行业的发展存在周期，市场难有永远的第一。对于汾酒而言，其所感受到的行业变革带来的影响可能比其他同类酒企来得更猛烈。

汾酒行业地位的变化并非全无预兆。1994年，在第六次斩获全国白酒销量冠军后，汾酒在上海证券交易所挂牌，宣告上市，成为"山西第一股、白酒第一股"，从此掀起酒类企业的上市风潮。然而好景难长，在汾酒上市这一年，五粮液异军突起，产能、销售收入均超越汾酒。1996年，在中国五家上市白酒公司中，泸州老窖营收9.63亿元，位于上市白酒公司之首，汾酒仅排第三，还未上市的五粮液营收更是超过10亿元。

1988年，国家放开名酒价格管制，汾酒面对五粮液等同行的涨价决策，犹豫不决，担心提价会引起消费者反感。汾酒曾经尝试过提价，但又马上降价。最后，汾酒还是决定"名酒变民酒"，走满足消费者的路线，秉持保守定价策略。

汾酒未能顶住压力，于上市之后，排名下滑。此时，汾酒并非没有意识到价格体系对企业的限制。1997年，汾酒推出了高档酒，30年陈酿——青花瓷汾酒，希望以新产品突围高端市场。但是多年来，汾酒以亲民价格培植出的企业形象已经深入人心，骤然推出的

---

① 吴仁. 白酒，2014？！——回顾白酒行业发展史中的统治者时代[J]. 销售与市场（商学院），2014.

高端白酒产品，使汾酒形象产生割裂，市场一时间难以适应。青花瓷汾酒上市后，并未掀起风浪，未能让汾酒乘风而起。

深知市场处境不妙的汾酒，努力稳住阵脚。1991年至1997年，汾酒的营收曲线，呈显著的波浪形走势。1991年汾酒从3.24亿元营收向上攀爬，至1993年冲上5.99亿元的高峰，后回落至3.28亿元。面对此情况汾酒铆足力气提业绩，1997年再度造就4.51亿元的高营收。

如果汾酒紧咬势头不松懈，在未来几年内，未必没有重回巅峰、争夺鳌头的机会。失衡的价格体系可以借由品牌营销逐步修正，被超越的"汾老大"同样具备突出重围，再展羽翼的可能。然而历史没有如果，一场突如其来的特大假酒案让汾酒陷入泥潭。

假酒案后，整个山西酒业受到了前所未有的冲击。"劝君莫饮山西酒"的舆论将山西酒业送上风口浪尖，查封假酒的活动在全国各地陆续掀起。大小酒厂惶惶不安，一时间所有山西酒如"过街老鼠，人人喊打"。

汾酒作为山西名酒，不可避免地陷入舆论漩涡。更为致命的是，在假酒案中，购买假酒进行售卖的汾阳市中杏酒厂，与汾酒一样，同为山西汾阳市杏花村镇中的酒厂，两者厂址相近，汾酒惨遭牵连。在查封山西假酒的过程中，一部分汾酒销售点被迫关闭，对品牌造成不利影响。

每年年关，都是汾酒销量的高峰期，但是1998年春节，汾酒销量比同期减少了至少2/3。[①]时任汾酒董事长高玉文立即召开会议，于2月6日做出决议，先通过媒体为汾酒正名，再主动对汾酒进行

---

① 刘光耀. 从山西假酒案看企业危机公关意识[J]. 公关世界，1998(06): 14.

"特检"，身正不怕影子斜。次日，汾酒又紧急召集全国90多家经销商，商讨如何稳定销售渠道，降低假酒案带来的影响。2月23日，山西十大白酒厂商在汾酒牵头下，向全国消费者做出产品质量承诺。

汾酒的公关工作没有太大起色，整个山西酒业还是无法挽回颓势，汾酒销售额如断崖般下降。1998年，汾酒的年销售额仅为2.5亿元。高玉文甚至自言，汾酒受此打击，至少三年无法翻身。事实正如其所料，商场如战场，行业内的酒企并不会因为天灾人祸就放弃扩张。同时，随着打击假酒的政策陆续下发，汾酒更是遭受诸多无端猜测，市场恢复艰难。

经此一役，汾酒"借问酒家何处有，牧童遥指杏花村"的美名严重受创。直到2000年，汾酒才稍微恢复元气，销售额达到3.72亿元，较往年有所上升，但还是低于假酒案发生之前的营收。然而不得不承认的是，汾酒经过漫长的休养生息后，同行酒企早已奋勇直追，不仅成功突破行业低谷期，甚至有所增益。这一年，在11家上市白酒公司中，汾酒仅排第八，与白酒龙头渐行渐远。此时，追赶者五粮液已经坐稳了白酒行业的新龙头之位。

每一次行业调整，都是一次新旧权力交接的关键时期。当老舵主遭遇滑铁卢，白酒企业经历寒冬之时，五粮液作为新白酒大王，已在行业变革的台风眼中稳立。五粮液登顶，并非是突然获得一个头衔这样简单。实际上，五粮液的称王之路，步步精彩，招招惊心。从五粮液的角度来说，与汾酒的这场王座追逐赛，其起点可以追溯到1985年。

第二章

CHAPTER 2

五粮液称王之路

第一节
酒王诞生

扩产即扩容，提价即提值

1985年，一月的宜宾天气不佳，常有小雨。曾在四川珙县磷肥厂相继担任生产技术科副科长、副厂长、厂长的王国春，带着相应任命文件，来到宜宾五粮液酒厂担任厂长一职。

王国春出生于四川省中江县，毕业于重庆大学机械系，接棒五粮液时正值头角峥嵘的38岁。在他上任前一年，第四届全国评酒会在太原圆满落幕，会上评出的十三种名酒中，五粮液仅位于茅台酒和汾酒之后，排名第三。

然而名气是一码事，企业盈亏又是另一码事。王国春走马上任之后，经过仔细盘点与调查，摸清了五粮液酒厂的基本情况。五粮液在厂职工800多人，但技术薄弱、设备简陋，较低的管理水平与规模不相匹配。1978年五粮液曾面临亏损，虽有国家扶持，推行"全面质量管理"，但营收并不乐观。20世纪80年代初的五粮液年产量仅有3000多吨，1984年也只有4100吨。长此以往，不等外界挑战来袭，其自身缓慢增长的产量也将影响企业的长足发展。

基于以上情况，出国考察后，王国春和酒厂的领导班子定下宏图霸业："要把五粮液酒厂建成中国一流的现代化企业，使五粮液成为驰名世界的中国名酒，让五粮液员工成为一流的现代化职工。"[①]就此，王国春到任后首先提出了五粮液的"三步走"战略。

第一步，1985年至1990年，向质量效益型企业发展；第二步，1991年至1996年，向质量规模效益型企业发展；第三步，1997年后，向质量规模效益和多元化企业发展。[②]

这是王国春对员工的承诺，也是他为五粮液规划的蓝图。1985年，王国春的到任，成为五粮液王座追逐赛的起点。

虽然在这一时期，白酒竞争图谱上的两大主角是泸州老窖和汾酒，并没有五粮液太多的戏份。但是王国春通过走访、考察知名酒厂，又深入车间与员工、管理人员详谈，进行大刀阔斧的改革，为五粮液日后称王，积蓄了能量。

厚积薄发，图谋深远，五粮液的称王之路，早期主要依靠两大手段：酒业扩产和商品提价。

酒业扩产

20世纪90年代的中国白酒市场推崇产能至上，几乎所有酒厂都在尽全力扩产、扩建，以足够的产能攻打市场。五粮液同样如此。

[①] 摘自《金融投资报》的文章《五粮液：酿造千年传世美酒》。
[②] 佚名. 五粮液灵魂——王国春[J]. 中国酒, 2008(05): 30-33.

白酒风云录
中国白酒企业史（1949—2024）：
浓香潮来

产能是酒企竞争的基础。只有有酒可卖，才有参与竞争的资本。新上任的王国春深谙五粮液发力的核心，所以将酒业扩产，放在了首要位置。

五粮液酒业扩产的第一步，是新建车间、增加窖池。1986年，五粮液斥资2500万元，在岷江北岸主产区新建了占地面积22.8万平方米的生产车间。这些新增车间年产能峰值可达3000吨，自此五粮液形成万吨生产能力。与此同时，五粮液的万吨酒窖挖掘投资工程也在同步进行。①

1992年，五粮液注资8亿元再次用于酒厂产能扩建。两年后，内设6000口窖池的世界最大酿酒车间落成，这使全厂的年产酒能力超过9万吨。1995年之后的十年，五粮液不断进行大规模产能扩建，取得拥有产量4万吨的酿酒车间、拥有1.1万口窖池的车间等扩产成就。

在五粮液扩产战略实施期间，新增车间涨势迅猛。几次大规模扩建后，从金沙江南岸到岷江北岸，大大小小的酿酒车间、勾兑中心、包装车间拔地而起。大胆扩产保障了需求激增下销量的供给，为五粮液领跑时代打下基础。

但紧锣密鼓的酒业扩产项目，并没有让五粮液陷入"以多取胜，萝卜快了不洗泥"的短视陷阱中。不允许弃质保量是五粮液扩产进程中划定的红线。为了在扩产的同时保证质量，五粮液开展了一系列配套工程。

保证质量的第一步是创新管理，让"全面质量管理"落实到位。当时五粮液全厂推行"承包责任工作制"与"经济责任工作

---

① 摘自云酒传媒《进击的产能：名酒盛宴背后，其他玩家还有机会吗？》。

制",将员工的薪资与质量、产量挂钩,调动他们的生产积极性。除此之外,五粮液还建立了生产过程中的质量管理控制体系和五粮液检测系统,实行"三并重"质量检验,开展了科学的目标管理。这一系列措施效果显著,让五粮液营收迅速增长。1989年,五粮液利税超过四川省内泸州老窖、剑南春、全兴大曲、郎酒、沱牌五家名酒厂的总和。截至1992年,五粮液的年产值已达到1.93亿元,实现利润1.1亿元。[①]

第二步便是大胆引入科学技术,通过技术优化和进步,推动五粮液扩产。厂长王国春出身重庆大学机械系,深知"科学技术是第一生产力"的道理。在一次五粮液内部中层以上干部会议中,他强调:"技术进步是企业腾飞的翅膀,我们要尽可能将传统工艺与现代科学技术紧密结合,努力将科技成果转化为生产力。"[②]

在积极应用科学技术的思路导向下,五粮液团队改造传统工艺,将微电子技术引入其中,成功研制出"包包曲盒式发酵微机监控系统及制曲新工艺"。技术的革新将设备利用率提高了2.5倍,优品率提高了90%,生产周期缩短了三分之一。[③]

除了通过技术进步推动酒厂量、质同步增长,王国春还在酒厂内部推出了一项覆盖五粮液全厂的管理系统:三级质量管理网系统,以此培育内部优秀的集体质量观。

根据王国春对管理网络的要求,三个等级从上到下分为质量管理部、质量管理办公室和质管员,分管各个环节和层级的质量检验,以及日常质量维护工作。如果说质量管理是五粮液的中心,那

[①②③] 罗鸣,刘丽君. 酒魂交响曲——来自四川省宜宾五粮液酒厂的报告[J]. 现代商贸工业,1993(07).

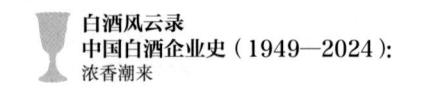

么质量控制就是五粮液严防死守的重点。

20世纪90年代，五粮液通过数次扩产和质量提升，将白酒年产能提升至9万吨，其产能是同年茅台产能的20倍。[①] 同时，1991年，五粮液还获得"中国十大驰名商标"称号。1994年，五粮液成为白酒行业首家通过BVQI国际质量认证的企业。1995年，五粮液上缴的利税额达到5亿元。1996年至1999年，五粮液连续三年获评消费者（酒类消费）的"理想品牌"。五粮液跨越时代的鸿沟，实现了蝶变，高速增长期已然到来。

商品提价

1988年早秋，烈日灼灼下，光着膀子从酒窖里起酒糟的工人不停挥动铲子。操作员们在生产线上忙得不亦乐乎，汗如雨下。这是五粮液实行扩产改革的第三年。拉响五粮液扩产引擎后，酒厂的生产量开始飞速增加。

包装仓库里，大量的成品酒等待批条后，运往全国市场。1978年，改革开放的浪潮历经十年终于刮向了烟酒行业。1988年7月，国务院发布公告，宣告放开13种名烟、名酒市场价格，这一消息在全国烟酒行业引起轩然大波。

五粮液认识到白酒行业真正的市场化已经来临。扩产改革为五粮液参与市场竞争打足底气，接下来，选对赛道几乎左右了五粮液十年后在行业中的地位。

白酒行业垦荒的第一批先锋，在翻涌的市场浪潮中，带领企业

---

① 侯伟胜. 白酒江湖四代王者的兴衰起伏[J]. 商业观察, 2022(08): 9–12.

奔向自己的战场。盘踞北方的山西汾酒，作为业内占据优势的头号企业，选择紧随国家，一头扎进大众市场，从名酒变身"民酒"，把玻璃瓶装的成品酒价格降到了15元一瓶。随后，泸州老窖、古井贡酒、全兴大曲等诸多名酒都纷纷降价，走入"民酒"之路。

同业酒企已经做出市场化的定价抉择，五粮液该何去何从？降价还是提价？贸然选择会不会得罪消费者？销量会遭受多大影响？无数问题摆在五粮液的面前，催促其尽快在市场化的关口做决定。王国春等五粮液领导班子细细厘清改革开放以来的经济发展脉络，发现当时中国宏观经济正处在高速增长时期，下一个高峰和白酒行业天花板还等待着新企业缔造。国家把白酒的产量和销量交给市场。街头巷尾的大幅海报上还写着"什么眼光决定什么未来"。五粮液在这个关口上，只能向前，不能后退！于是五粮液决定走和汾酒相反的道路——提价。

骤然提价无疑是步险棋。五粮液领导层选择遵循传统，从包装入手，拉开五粮液在市场化浪潮中逆势提价的序幕。

和其他名酒相比，五粮液有一套独特而系统的包装演变文化。包装演变作为一种保留的企业传统，蕴藏着五粮液独一无二的企业发展轨迹和文化魅力。

五粮液的历史渊源最早可追溯到先秦时期的僰人部落，其后几易其名。从"重碧酒""荔枝绿"到"杂粮酒"，晃晃已过千年。而五粮液正式得名，还是在一场家宴之中。

1909年，酿酒大师邓子均应邀出席宜宾县团练局局长雷东垣的宴会，奉上自己改良酿制的美酒作为礼品。佳期与共，雷东垣和在座宾客分享美酒，发现此酒入口甘美净爽，回味陈香优雅。宾客不禁询问酒名,却得到邓子均朴素的回答"杂粮酒"。这么好的酒却没有美名,实在是遗憾。席间一位举人思索再三,才问邓子均:"此酒集五谷之精华而成玉液,何不更名'五粮液'?"他的话语惊四座,"五粮液"之名就此载入白酒史册。

1932年邓子均注册使用"五粮液"商标,诞生第一代五粮液。第一代五粮液包装采用典型的长方形陶瓶设计,瓶身图案为了贴合"五粮"的意象,绘有高粱、稻谷、玉米、胡豆和荞麦五种粮食,图案下方详细写下了酒坊地址等字样。

随着五粮液的发展,酒瓶材质从陶瓶转向玻璃瓶,造型从扁平走向立体,风格从强调产品优势转向强调品牌。第二代、第三代五粮液由此诞生。每一次包装上的调整,都暗示着五粮液的发展重心正在转变。

20世纪80年代,五粮液的主流包装是第四代梅瓶包装。第四代五粮液诞生于20世纪60年代,因为包装瓶形似萝卜,又被消费者称为"萝卜瓶"。

五粮液包装演变历程给了王国春等领导班子灵感。包装一作改变,就能给人眼前一亮的新鲜感,为何不利用包装升级进行产品提价?这样既有提价的由头,又能促进产品更新换代。

因此,五粮液开始着手第五代五粮液包装的开发。第五代五粮液包装颠覆了原先"萝卜瓶"的整体设计,瓶身从上大下小的鼓瓶型,转变为瓶颈纤细、瓶身方圆的水晶瓶;净含量、酒精度、原料等信息开始出现在包装上;瓶盖也大胆采用金色铝盖。因为第五代五粮液的外盒上印有长城图案,又被消费者称为"铝盖长城"。

1989年,第五代五粮液逆势出世,昭示着五粮液力求登顶的决心。结果证明，五粮液对市场化的判断异常精准。第五代五粮液大受消费者喜爱，市场价成功赶超了当时的泸州老窖。

首次提价的成功，让王国春等五粮液领导班子更加坚定了打造五粮液品牌的战略。此后，五粮液多次借助包装升级，进行产品的更新换代，价格也水涨船高。1992年，五粮液的"W"型商标诞生，第六代多棱瓶包装的五粮液横空出世。这一包装瓶型成为五粮液后续包装的升级雏形。三年间，两次包装更迭，巨大的跨越暗示了五粮液发展的迅猛。

在市场自主角逐下，据守阵地、持续提价的五粮液，将"质量过硬，品质有保证"的印象成功留在了消费者脑海中。

1993年，在众多名酒价格徘徊在十多元时，五粮液的价格就已经超过百元。在鲜明的价格差异中，白酒市场的低、中、高端阵营逐渐被划分出来。五粮液与汾酒走向了两个截然不同的方向。

五粮液在高端市场的冲刺异常迅猛。1994年，五粮液再次提价，价格超过汾酒，成为一大节点性事件。同年，连续6年销售量位于全行业首位的汾酒，陷入销售额低迷的困境，开始从行业顶峰滑落。风头一时无两的五粮液取而代之，登上行业顶峰。白酒行业第二次精彩纷呈的龙头交接，在动态中展开。

从历史上看，五粮液的登顶之路走得既漫长又艰难。从在第一届全国评酒会中脱颖而出，到成为行业第一，五粮液走了三十余年。前二十几年五粮液都走得稳健缓慢，直到1985年大刀阔斧地展开改革之后，就此迎来黄金十年。

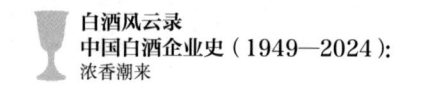

转折 1994：首个贴牌品牌 五粮醇试水 OEM

1994年秋冬之交，绵绵不断的阴雨已经笼罩了宜宾数日。一位裹着皮夹克，腋下夹着方形黑皮包的男人，低头快步走向厂区门口，叩响五粮液酒厂门卫室的窗户。他叫黄家明，来自福建邵武，他要见五粮液厂长。

此时的五粮液，是业界风头无两的市场先锋。扩产改革之后的五粮液产能一路狂奔，品质过硬的形象在消费者心中根深蒂固。可在高端市场一往无前的发展势头，却并不能让五粮液真正地放下心来。

瞬息万变才是市场常态，五粮液不能仅靠一条腿走路。推行扩产改革和提价策略，在白酒市场化垦荒初期，确实为五粮液辟出一条通往顶峰的路。但是这条路并不能让五粮液在市场竞争中从此高枕无忧。

五粮液的高端阵营有主打品牌"五粮液"驻守，低端阵营则布局了十几元的产品"尖庄"。上下兼顾的产品布局，却留下了中间巨大的空档，这让五粮液庞大的产能优势无处释放。与此同时，贸然组建的营销队伍过于庞大，费用高、成效差，营销水土不服的情况严重，让引擎轰隆作响的五粮液，像是在迷雾中东奔西撞。

五粮液想找到拨开迷雾，向全国播网的方式，却苦苦理不出头绪。从邵武远赴宜宾的黄家明，为酒厂带来了解决之策。

糖酒不分家，黄家明在福建邵武经营着一家糖酒副食品公司。市场化浪潮袭来，黄家明的公司紧随时代前行，效益愈发向好。多年的商人直觉告诉他，还能向上一搏！于是，黄家明在数月的市场调研中，逐渐将目光聚焦到了酒业的最大黑马——五粮液身上。

厂长办公室里，黄家明开门见山地对王国春说："王厂长，我是来和贵方求合作的。"他从随身携带的黑皮包里抽出一份文件，里面是他手写的调研见闻，文件后附了一份详尽的合作方案。黄家明想让五粮液与他的公司合作，共同开发一款背靠五粮液的中档新产品，并获得新产品的品牌运营权。作为交换，黄家明将出资100万元，用于承担新项目的市场风险。

新品中档酒，开发风险低，有固定的成本支持和营销端口，黄家明提出的新方案正中要害，为五粮液带来了一双拨开迷雾的手。更重要的是，新方案是一个容易复制的商业模式，一旦开发成功，五粮液那张撒向全国市场的大网就能够真正成形落地。双方一拍即合，合作意向顺利达成。

新推出的产品被命名为"五粮醇"，由福建邵武糖酒副食品公司买断，负责总经销。五粮醇不仅是五粮液首个授权买断的产品酒，也是中国白酒史上首个实行授权买断的产品。这是一款极具开创性的产品。[1]

1995年，35度的五粮醇投放市场后，在市场中一炮打响。当年，五粮醇的销售量高达1670吨，为五粮液贡献新增利税1000多万元。[2]次年，五粮醇的销售量再创新高，高达8580吨。[3]五粮醇将五粮液过剩的产能顺利消化，并产生了惊人的品牌效应，开创了白酒运营子品牌的先河，也正式掀开了五粮液品牌开发的序幕。

---

[1] 马红雨.五粮液的酒业扩张之路[J].证券日报·创业周刊，2008.
[2] 彭国昌，黄国光，童顺鸣."航空母舰"的威力——五粮液夺取全国白酒行业规模效益"五连冠"探秘[J].公关世界，1999(05)：4-6.
[3] 马红雨.五粮液的酒业扩张之路[J].证券日报·创业周刊，2008.

五粮醇的成功，为五粮液打通了一条通往五湖四海的道路。越来越多的企业家叩响五粮液的大门，寻求复制五粮醇的市场神话。五粮醇的成功模式逐渐有了一个新名字：OEM授权贴牌模式。

1996年底，另一款五粮液贴牌高端白酒"五粮春"在二三线城市上市，一年内创税数千万元，成为五粮液全新的效益增长点。随后，OEM模式下"五"字开头的新产品开始大量涌现。五湖液、五粮尊、五粮窖、五粮情、五粮陈等新产品，都是OEM模式下衍生的全新品牌。除了"五"字开头的系列酒，地方特色酒系列也逐渐开始壮大。东方龙、京酒、古都液、圣酒、闽台春酒等包装注明五粮液"W"标志的新产品，开始向全国销售网辐射。市场从河南、河北布局到古都西安，从东南福建西进到青藏高原。50多个全新品种，上百种规格的五粮液系列酒，像网一样覆盖全国，走进街头巷尾和百姓餐桌。一张遍布中国的五粮液销售网，将更广的消费市场网罗起来。

在OEM模式助力五粮液在全国遍地生花之时，一道道从五粮液延伸的经销商链路，开始将遍及全国的合作商，分区域和分层级地并拢在一起。这就是和OEM模式相辅相成的总经销商制度，也称大商制。

在白酒市场化早期，经销商们是行业感知市场最敏锐的触角。他们也是最早能够直接接触消费市场的群体之一。在1990年前后，国有渠道给民营渠道让路，身处市场的经销商们，成为最了解市场运作的先行者。这些先行者无形之中塑造出OEM模式发展的土壤，借着多年积累的财富和营销网络，迅速形成品牌运营优势。五粮醇OEM模式的显著成功，打破了原本几近固化的酒类生产和销售间壁垒分明的格局。经销商们纷纷效仿，推动OEM模式迅速向全国蔓延。

借助OEM模式，五粮液选择在原有基础上划分市场区域，给予不同经销商不同的营销权限，形成总经销商制度。

总经销商制度又称大商制，分为全球总代、全国总代、大区域代理、省级代理、地级代理、特殊渠道代理及终端零售等层级。总代理层层分级，层层嵌套，层层管理。获得授权的经销商们，能够全权代理五粮液在相应区域的营销活动。

大商制是五粮液顺应时代，符合市场的选择。五粮液不需要投入太多的营销资金，只需要负责生产，再将产品委托给总代理，由他们负责召集销售人员，建立营销渠道，完成销售。1997年，在当时普遍唱衰的白酒环境下，五粮液通过低成本、高效率的渠道管理，将优质产品引入市场。这是五粮液销售额稳步增长，从中型企业蜕变为全国性企业的秘诀。

大经销商在区域内有定价权、销售权，也拥有行销权。这样相互嵌套的关系，催生着五粮液编织出一张愈发细密的全国营销网。在这张网上，两个节点之间相互合作，源源不断地诞生新品种抢占市场。五粮液居于这张大网正中，借着同业难以匹敌的市场优势，一跃而上，走向顶峰。

1995年，一顶名为"中国酒业大王"的桂冠授予五粮液。在北京举行的第50届国际统计大会上，国家统计局、国际统计大会中国组委会、中国技术评价中心通过比较1994年全国酒业销售总额与利税总额，评选出了实至名归的五粮液。自此，五粮液多了一个酒王的头衔，开启了一代酒业的传奇。

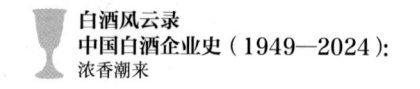

开第一家白酒专卖店

封冠酒王的五粮液，在拥有惊人的资金流水的同时，也吸引了投机者们的目光。

20世纪90年代，五粮液的"W"标志，几乎成为家家户户餐桌上的常客。逢年过节、高中升迁、红白喜事，但凡聚会，似乎圆桌上都得摆着一瓶带"W"商标的白酒，才像是那么回事儿。五粮液酒厂的生产线热火朝天，酿酒师们昼夜劳作，仍无法将好酒及时送抵每家每户的餐桌。拦在中间的，正是随着五粮液发展而扰乱市场的假冒产品。

当时，五粮液在市场上行销有多火热，相应的假冒伪劣酒就有多猖獗。1992年11月，四川红江机械厂收到一份五粮液收购委托。一名徐姓员工和其余2人在接到任务后，找到了身在宜宾的亲戚购置五粮液。5000瓶假冒五粮液以每瓶62元的价格首次出售。徐姓员工收到这一批假酒后，将其提价至每瓶73元转卖给红江机械厂，红江机械厂再以每瓶82元的价格卖给最初的委托方。事件最后，委托方发现假酒并拒收，但仍有4200瓶假冒五粮液流入市场。

这一案件在业内引起震动。前后三次层层加价，让假劣五粮液的价格逐渐逼近真品价格。大量假酒顶着五粮液的旗号扰乱市场，也让五粮液的品牌形象频频受损。

时任五粮液酒厂副厂长的徐可强率队进行市场考察，最头疼的问题就是打假。原本在1989年，五粮液针对市场化做出调整，建立了一套包含打假的相对完整的销售服务体系。但随着五粮液的迅猛发展，打假办全员几乎脚不沾地跑市场的情况越来越普遍。徐可强在各地经销商那里，听到最多的话就是"快想想办法吧，假货把路堵住了！"徐可强在假劣五粮液一再猖獗的境况中，感受到了五粮液的生路可能正在被这些投机者切断。

五粮液好不容易建立起的品牌声誉，不能这样被蛀虫啃食。徐可强整日泡在成堆的市场调研和打假报告里，寻找遏制假劣五粮液的办法。他发现在一些地区，假劣五粮液的产、供、销链条已经相当完善，踪迹更难寻觅，更别说将其连根拔起。点对点对抗的成效并不理想，红江机械厂层层加价的案件给了他灵感。或许可以用正品销售链对抗假劣产品，找到一种方式，让酒厂直接对接消费者。

因此徐可强提议，建立五粮液直销专卖店。直销专卖店从酒厂到消费者，一根链条贯穿始终，假劣链条也就没有切口从中牟利。同时，在未来，这些专卖店将成为无数个五粮液酒厂的分身，将是传播五粮液品牌文化的绝佳传声筒。徐可强将开专卖店的想法告诉了厂长王国春。在厂长的大力支持下，建立五粮液专卖店的进度，像是在内部一路开了绿灯，进展飞快。

1995年9月15日，五粮液第一家也是全国第一家酒类直销专卖店在湖南长沙诞生。这是五粮液继OEM模式后，在酒业开创的另一种全新销售模式。第一家五粮液专卖店开张，也成为中国名酒营销变革的里程碑事件。

原先需要历经层层关卡才能进入百姓餐桌的五粮液，全部改为由厂家直接供货。这一举措在很大程度上，杜绝了投机者从中牟利的可能。假劣五粮液数量在一段时间内骤降，五粮液的品牌声誉迅速上升。在这一升一降之间，五粮液顺利完成了从产品走向品牌的蜕变。

五粮液对市场的前瞻力和创新力，率先唤醒了五粮液乃至整个

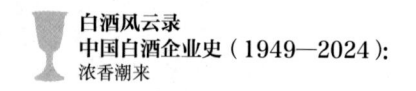

白酒行业在终端层面的品牌觉醒。五粮液的专卖店网络，也随着OEM模式下各系列新产品的急速扩张，逐渐形成了涵盖全国八个片区、数十家专销公司和上百家专卖店的销售网。

从扩产提价战略，到OEM模式启用，再到第一家专卖店开张，五粮液作为率先迎击市场化浪潮的酒企，每一步都找准了市场需求的脉搏。也正是一步步环环嵌套式的企业战略调整，让五粮液稳步登上"中国酒业大王"的宝座，在脚下铺开全新的酒业画卷，迎接新世纪的到来。

第二节
稳坐白酒头把交椅

成为价格标杆,创新白酒营销

1998年,是五粮液发展史上的一个关键节点。前一年,即1997年,白酒行业陷入多事之秋。先是亚洲金融危机来临,白酒行业开始收缩。后是税改、秦池"勾兑门"、山西朔州假酒案等事件进一步加快了行业的下行。

调整风波袭来,让整个白酒行业有些兵荒马乱。在这场风波中,有人立稳了脚跟,也有人跌下了潮头。而五粮液,是前者。

1995年,五粮液坐上"中国酒业大王"之位,成为行业龙头。然而江山风云变幻,王者初生,各路诸侯对王位仍然虎视眈眈。五粮液想要真正坐稳王位,需要经历一场考验。

1998年前后的行业深度洗牌,正是五粮液坐稳王位的契机。

旧格局洗牌,变化和动荡不断。严峻的行业形势下,不少白酒纷纷降价自保。这是白酒市场化后行业遇到的第一次大调整。对于别的酒企而言，这些调整是挑战，但五粮液却从中发现了品牌提升的生机——价格机遇。

自白酒市场化以来，五粮液便坚持提价策略，曾经两次价格大调，分别"赶泸超汾"。1997年到1998年，行业调整期间，五粮液又开始部署第三次提价和稳价的工作，瞄准价格之峰茅台。

虽然在寒冬提价着实冒险，属于剑走偏锋。但是五粮液在此调整期，不得不逆水行舟。对于白酒行业的龙头而言，价格是一个重要的衡量标准。五粮液想要成为名副其实的老大，必须在价格上引领行业。

在错综复杂的行业变革中，五粮液预见了市场经济带来的品牌价值转变。五粮液深知，价格因素是区分品牌的直观指标，正确的做法是关注品牌，强化高端形象。

所以面对雪上加霜的行业形势，五粮液并未动摇价格策略，义无反顾选择继续提价。

但提价说来容易，具体应该怎么提？特别是在行业寒潮之中，怎么提价才能成功？

五粮液凭借过往经验，实行控量提价的市场化打法：按照市场的实际需求，调控产品供货量，以成功提价。控量提价，俗称"饥饿营销"，用减少供货量的方式，去刺激市场的消费需求，提高价格。在计划经济时代，这种酒企对供求关系的主动探索，完全属于空白状态。五粮液的控量提价打法，完成了一项白酒营销上的创新。

在此之前，没有人用这种方法卖白酒。五粮液的这一市场打法，为行业提供了新思路。

意料之中的是，市场对于五粮液控量提价的接受度也很高。

1998年，五粮液完成提价，成功超过了茅台，问鼎白酒行业价格之峰。下表总结了五粮液三次主要提价的成就。

表　五粮液三次主要提价的成就

1989年	1994年	1998年
超过泸州老窖	超过汾酒	超过茅台

这次提价完成得近乎悄无声息。站在几十年后看，几乎看不到任何的波澜和细节。但这个稍显模糊的节点，意义非凡。它标志着五粮液丢掉了价格长期屈居第二的牌子，成为白酒价格老大，在各方面，成为名副其实的龙头，真正坐稳了白酒行业的头把交椅。同时也意味着，提价策略奠定了五粮液在名酒阵营中的领先地位，既增强了五粮液的品牌张力，也使五粮液成了行业价格的标杆。

五粮液提价，在穿越行业危机的同时，也影响了未来市场的走向。在五粮液之后，许多白酒也纷纷跟随五粮液提价，走出寒冬。特别是2000年后，五粮液每一次提价策略，都会引起行业价格的震荡。五粮液的行业龙头效应，直观地体现在价格调整中。

因此可以说，夺取价格最高阵地后，五粮液的称王之路，也走完了最后的旅程。

回顾20世纪90年代，中国白酒市场的价格蝶变有序，各大酒企各显神通，分化出不同的产品路线，以价格占据市场。在这场竞争中，五粮液凭借敏锐的市场嗅觉，高举提价大旗，一举跨入高端品牌行列。面对低迷的市场，五粮液坚定选择，顶住压力，勇攀高峰。一而行之的价格策略最终化为五粮液穿越行业周期的羽翼，帮助五粮液飞越寒潮，跨过低迷，助力五粮液坐稳了王者之位。

改造OEM，扩大中端品牌

1998年下半年，限制公务消费名酒的规定出台，以五粮液为首的高档名酒一大主要销路被堵。在这一背景下，高档名酒纷纷谋求转型，五粮液也开始转向中端品牌的开发，开拓中档酒市场。

为分散主品牌经营压力，打开中档酒市场，五粮液对已经试水的OEM模式进行了改造，并开发出大量的贴牌产品。

与试水期的尝试相比，改造后的OEM模式，对贴牌产品的商标归属做出了改变。在试水期，贴牌产品的商标归五粮液所有，而进行改造后，则变为代理商或流通企业可以自行申请产品商标、拥有商标所有权，五粮液专心负责产品开发和生产。

这极大地提高了经销商和代理商的积极性，促使他们投身于五粮液的渠道建设之中。在五粮液OEM模式大开拓期间，一批影响未来酒业格局的经销商涌现，吴向东就是其中一位。

1996年，白酒行业出现一位从物资公司转行的新兵，他便是吴向东。1997年，湖南人吴向东刚刚开始学习卖白酒，到株洲后，他发现一款极具潜力的白酒，名叫"川酒王"。

经过打听，吴向东发现川酒王本身并没有生产基地，其生产完全依托于五粮液酒厂。作为五粮液的"属下特许品牌"，川酒王只负责酒的推广和销售。这种模式，完全适合吴向东负责的长沙海达酒类食品批发有限公司（下称长沙海达）。吴向东瞅准机会，开始接手销售川酒王。一年以后，吴向东将其推上湖南市场的热销榜。

但后来市场上出现大量仿冒产品，川酒王在赝品的市场围攻中落败，最终只是昙花一现。

经此一役，吴向东决定申请商标，打造一个属于自己的白酒品牌。恰逢1998年，五粮液开始大步推进OEM模式。吴向东借助已形成的渠道优势，和五粮液"牵手联姻"，签署了金六福酒的OEM协议，一个年轻的品牌埋下生长的种子。

1998年12月10日，四川宜宾五粮液酒厂6车间，圆瓶金盖，五星横据的一瓶金六福酒悄然出世。

这一瓶金六福的诞生，对于五粮液和长沙海达而言，是一种双赢。OEM模式让五粮液的产能得到有效利用，只要保证质量，授权贴牌的产品就是开拓白酒行业空白市场的急先锋。而作为批发公司，长沙海达拥有广阔的营销网络，但欠缺生产基础。和五粮液合作，吴向东能将精力集中于营销网络，组建团队把金六福卖向全国各地。

在OEM模式下，五粮液释放了10万吨过剩产能，造就了66个OEM品牌，金六福只是其一。在金六福之外，五粮液又相继推出了浏阳河、五粮神等强势子品牌，产品几乎覆盖整个市场。

如果说1994年试水授权买断商业模式，是五粮液小试牛刀的革新，那么1998年改造OEM授权贴牌模式则是对前者的升华，协助五粮液开拓了全国市场，是其称霸全国酒业的一步重要棋子。

授权买断商业模式协助五粮液集合群力，扩大了品牌影响力。

白酒风云录
中国白酒企业史（1949—2024）：
浓香潮来

更重要的是，在白酒行业寒冬来临时，利用该模式汇集的大量零散资本，为五粮液提供了逆流而上的机会，助力其销量不降反增，使其实现逆袭。1998年后，五粮液OEM品牌爆发式扩张。截至2002年白酒行业回暖前夜，五粮液旗下的子品牌已经达200多个。

在20世纪的最后几年，五粮液凭借OEM模式巩固了中国酒王的地位。回顾往昔，OEM模式之所以在那个时代取得如此强大的效果，是因为当时大众的品牌意识稍薄弱，OEM品牌可以通过大量的广告营销占领市场。另外，当时人均收入不高，市场对于高端白酒的需求还未达到极限，因此众多的OEM品牌不会对主品牌构成威胁和破坏。

授权买断商业模式和OEM模式是五粮液在产品和品牌方面做出的集群化尝试。从五粮液开始，OEM模式向全国酒类企业扩散。许多酒企都模仿五粮液的OEM模式，延伸主品牌的范畴。同为川酒的泸州老窖开放了产品资源，旗下经销商通过授权或买断创立不少新品牌，如国窖国礼、国花、老窖特曲等几十个子品牌。剑南春同样推出了一些买断酒品牌，如剑南醇、好运道、剑南娇子等区域型子品牌，为跻身中国酒界的第一梯队而努力。郎酒也在增加旗下买断品牌的比例，新增了紫砂郎、红运郎、老郎酒、贵宾郎、嘉宾郎、郎酒珍品佳酿等产品，甚至买断品牌的份额一度占据全厂份额的80%以上。泸州老窖和郎酒还联手部分民营酒企，共同投资了泸州酒业集中发展区，试图打造一个中国最大的白酒贴牌加工工业园区。

在大力推广OEM模式的同时，五粮液针对营销渠道，一如既往地采用了大商制，进行资源的整合利用。

得渠道者得天下。总代模式在现在看来，或许是一种稀松平常的营销模式，但是对当时的白酒行业来说，五粮液层级分明、范围庞大的代理模式，为其他企业提供了优质的商业模板。而这些不同层级的商业模式，像一张大网一样，几乎覆盖了所有的营销渠道，渗透到了各个领域汲取营养，为五粮液在行业寒冬提供助力，使其获得进步和成长。

借助大商制，五粮液的产品能够快速流通。将产品委托给代理经销商，由他们建立营销渠道，五粮液不需要投入太多的营销资金，就能完成产品出售，极大节约了成本。

渠道的变革决定了主导权的转移，消费者和商家的关系随着时代变革而推移，互为因果。五粮液在渠道为王的时代，占据了主导。

全面开启多元化

1998年，站在行业调整的转型期，五粮液顺应形势进行OEM模式改造。巨量的品牌扩张，释放出强势的品牌能量，五粮液迅速占领全国市场，风头无两。

与此同时，另一项对五粮液日后影响深远的战略也全面开启，那便是多元化发展战略。

五粮液的多元化契机，源于1998年4月27日五粮液在深圳证券交易所上市。1998年4月27日，五粮液股票发行第一天，便成功募集资金118160万元。[1]进入资本市场，为五粮液奠定了重要的资本基础，同时这也预示着五粮液具备了组建多元化集团、进行

---

[1] 宜宾市地方志办公室.五粮液四十年改革与启示[J].巴蜀史志，2019.

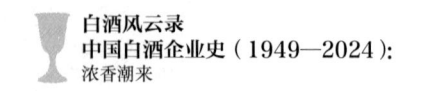

集群化发展的能力。

在上市前夕，原宜宾五粮液酒厂改制为宜宾五粮液集团有限公司。集团的成立，意味着产业必须扩张，只有一个产酒的业务，难以支撑集团的运转。

因为当时酒业处于深度调整期，白酒滞销，所以五粮液分析：白酒只是一个小众产品，市场容量有限，一家酒企再厉害，市场份额一般最多占20%至25%，而五粮液当时的市场占有率已经超过15%，[①] 稍一提升就会碰到天花板。

从长远规划来看，单纯依赖酒业的规模扩张，并不能支撑五粮液未来的发展。五粮液想将企业做大做强，需进行多元化扩张，从单纯做酒，转向"一业为主，多元发展"的发展道路。

五粮液曾到"中国彩电大王"长虹考察学习，发现长虹的利税比川酒"六朵金花"都要小，但由于体量大，其连续多年居于四川企业100强和制造业100强榜首。[②]

体量是衡量一个企业的重要标准，因此五粮液毅然走上多元化发展道路。

1998年8月20日，四川省宜宾五粮液集团塑胶有限公司成立。五粮液开始涉猎塑胶行业，这标志着五粮液正式走上多元化发展道路。1999年1月，占地1.5万平方米的现代大型塑胶包装车间在五粮液建成。[③]

之后，五粮液涉足制药、模具制造、印刷、汽车、玻璃、日

[①] 摘自云酒团队的文章《时隔5年再访王国春：谈褚时健、五粮液改制往事、川酒破局之道》。
[②] 摘自云酒团队的文章《时隔5年再访王国春：谈褚时健、五粮液改制往事、川酒破局之道》。
[③] 摘自《金融投资报》的文章《五粮液：酿造千年传世美酒》。

化、外贸等领域。在孜岩山下，五粮液荡平数座小山，构建起一座庞大的产业园，变酒厂为酒城。

五粮液还将手伸向了日化等多个领域，认为组建纵横扩张的大型集团公司，可增强回避市场风险的对抗力，增强竞争力，同时增强生命力。

世纪之交，五粮液提出"第二次创业"的发展目标，继续走质量规模效益型道路，即多元化发展道路。五粮液提出以稳健发展为核心，在打好全国市场基础之上，再积极稳妥地尝试多产业扩张，打造多元化的集团经营模式。

随着酒业配套工程扩建，多元化业务扩张，2000年，五粮液逐渐建成占地7平方公里的"十里酒城"。[1]关联公司拔地而起，俯瞰岷江北岸，大小厂房林立。五粮液如众星捧月般立在其中，已然完成从"酒厂"到"酒城"的跨越。

十里酒城，绵延雄伟，代表着五粮液无上的辉煌，却也暗藏着精力分散的危机。

实际上，从五粮液力推多元化战略后，外界对其的做法便褒贬不一。在多元化业务中，除了与酒业密切相关的塑胶、模具、印刷、玻璃等有所盈利，其余投资皆见利甚微。

随着五粮液多元化战略的扩张，五粮液的产业选择也越来越广泛。一开始，五粮液多元化战略实施的原则是：首先要选择与主业有技术关联或市场关联的产业，拉长主业的技术链和市场链。[2]

---

[1] 摘自《金融投资报》的文章《五粮液：酿造千年传世美酒》。
[2] 杨正良，刘海燕.王国春与五粮液的多元化之梦[N].中国经营报，2003-12-15.

白酒风云录
中国白酒企业史（1949—2024）：
浓香潮来

然而虽定有原则，但这在多元化扩张的具体落实中却并不容易。特别是20世纪初，五粮液宣布投资百亿进军芯片生产时，行业内外震惊不已。一是芯片业与酿酒主业相差甚远。二是芯片非常"烧钱"，芯片企业发展成熟至少需要投入一千亿元，单靠五粮液自身的固定资产远远不足，只能靠贷款支撑。①

而在此之前，制药集团、酒精生产线、"安培纳丝"亚洲威士忌项目等多个项目未能进行到底。五粮液的多元化战略收益甚微。

如今去看多元化战略对五粮液产生的影响，从1998年来看，实行多元化战略，对当时的五粮液而言仍然是有帮助的。当年，五粮液克服了亚洲金融危机和市场低迷的消极影响，实现了42.41亿元的年销售额，固定资产不断上升，品牌价值随之跃升。②五粮液中国酒业大王头把交椅的位置，得到了巩固。

2003年，随着走出行业调整的寒冬，白酒行业蓬勃发展，迎来了黄金十年。

当人们站在白酒黄金时代的起点向后回望，就会惊奇地发现，白酒行业的发展一波三折，充斥着危机的同时又蕴含着机遇。名酒价格管制的放开，重新排列了高端名酒的市场层级；央视标王的兴起，将白酒行业带入"广告为王"的时代；而"勾兑门""假酒案"的爆发，则彻底让白酒行业陷入寒冬。

面对日异月殊的市场变化，五粮液脱颖而出，见招拆招，不仅

---

① 摘自万兴贵的文章《"五粮液"拟100亿元打造芯片产业：白酒业"多元化突围"剑在何方？》。
② 彭国昌，谢萌，童顺鸣.五粮液扩张的成功之道[J].中国酒，1999(03)：22-23.

率先提价，掌控高端市场，而且弯道超车，超越同行。在寒冬来临时，五粮液选择固守本心，稳步开拓，从质量、价格、集群出发，精修内功，抵御风险。在行业低迷期间，五粮液积蓄力量，以"浓香"开道，登顶酒王，坐稳了白酒的江山。

第三章

CHAPTER 3

酒王定江山，诸侯分天下

第一节
江山既定，浓香风成

川酒开拔长江南北

巅峰对决之后，五粮液成为新一轮酒业霸主。数以万计的成品酒从生产线送抵百姓餐桌。OEM模式的超强复制力，使五粮液作为市场化初期的先锋军，以广撒网的势头，网罗起庞大的白酒消费市场。浓香风潮在这张巨大的网下逐渐成势。一场蓄势待发的浓香大潮，将由川酒开道，在全国市场遍地开花。

中国地域辽阔，自然环境差异较大，因酿酒原料、技艺、风俗习惯的不同，整个白酒行业被划分为大大小小的产区。四川和贵州气候潮湿，微生物类别丰富，共同组成了"川贵金三角"。苏州、安徽以平原为主，水系丰富，区域酒淡雅柔和，共称为"江淮名士"。除此之外，还有"中原群雄""两湖风流""齐鲁争芳"等之说，将中国白酒划分为独具特色的区域板块。

白酒板块之说并非空穴来风，而是基于环境特色和酒味口感。

拿浓香白酒来说，虽同属一类，地方风味却各有不同。川派浓香口感浓厚，夹杂陈味酱气。江淮浓香则更为淡雅，绵柔甜净、优雅清新。由此可见，即便在同种香型中，不同板块的白酒都有所差异，那么在不同香型分类的前提下，各个区域的白酒口感也就存在鲜明差异。这让全国的白酒市场，在无形之中沿着地域区划建起了高耸的壁垒。壁垒之内，是自成一派的白酒风俗和消费习惯；壁垒之外，是苦苦求索却不得入口的外地酒企。

这些因素在一定程度上僵化了全国的酒业版图，那些试图在全国铺设销售网的酒企，被戴上了镣铐。特别是在20世纪中期，中国白酒企业处于初级阶段，这一状况更加凸显。各个酒企往往只以当地市场为重点自产自销。改革开放为酒业开辟了全新的市场化格局，白酒行业开始了风风火火的市场化探索，原先四处林立的地域壁垒露出缝隙，酒企跨板块发展涌现出越来越多的机遇。

坐镇西南的酒王五粮液，就是其中的先行军。OEM模式下的五粮液，通过庞大的品牌兼容性，以及授权地方团队的模式优势，在全国市场已经成功定锚。可是，五粮液的野心很显然不止于此。依靠品牌维系市场的关系并不足够牢靠，五粮液难以将管理的手伸向全国合作商，缺乏管理的合作商容易出现各种问题。

于是，五粮液领导班子决定在不同地域，选择一两家糖酒主营公司或者酒类销售企业签订合同，在各地建立经销商制度，将它们当作五粮液派驻在全国的据点。可随着这一项目的深入，新的问题再次出现：经销商太多了。经销商一变多，似乎又回到了最初的问题：远在宜宾的五粮液如何管理它们？

借力辖制的方式走不通，那就只能集团亲自上阵，向全国迈进。五粮液决定转变策略，在经销商模式不变更的情况下，以省为单位成立一家集团公司。五粮液团队全年奔波在外，为各地集团公司的建立，忙得焦头烂额。

团队昼夜赶工的成效显著。截至1998年，五粮液在全国已拥有11个集团公司。

各省驻地定锚完成后，下一步就是以驻地为圆心，向全省输送五粮液团队精心挑选的风格化产品。

尖庄是第一梯队的先锋军，也是五粮液最早的品牌分支。在市场化初期，五粮液和尖庄分立高端和低端两座山头，为集团版图的扩张奠定基础。如今，尖庄再次披甲上阵，扛着"W"字号将旗，以品质可靠、价格优惠的特点，迅速挺进地方市场，同山西汾酒、山东酒业"四大家族"（景芝、兰陵、孔府家和泰山酒业）形成争锋势头。

在两山地区攻城略地的同时，尖庄继续朝全国进发，向东迅速抵近江南地区，摸清江南市场偏好高端后，迅速为友军五粮春开辟进驻通路，将号称"名门之秀"的五粮春送抵江南，转而继续向南前进。五粮液的后续大部队也没闲着，为向西开辟圣地西藏的市场，自主研发了中高端白酒品牌圣酒，在西藏地区站稳脚跟。

五粮液进军全国在业界引起强烈反响。1994年12月，一列名为"尖庄专列"的火车横空出世，开创了业内专列运酒的先例。这列火车从宜宾开到成都，翻越秦岭，穿梭在全国的大小乡镇，最终驻足苏州。"尖庄专列"奏响进军全国市场的凯歌，连带着整个酒业逐渐振奋起来。许多酒企仿照五粮液，破除地域壁垒，奔向全国市场。

第三章
酒王定江山，诸侯分天下

跟随五粮液的步伐，川酒阵营不愿偏安一隅，希望借时代之浪潮，开通全国市场之路。于是，整个川酒集团决定走出长江南北，向全国出征。

作为中国白酒发展史中的强势力量，川酒选择将全国市场的开拓作为行业调整期的重中之重。回顾川酒在千禧之年前后的市场动向，以五粮液、剑南春、泸州老窖等"六朵金花"为主的川酒企业，将市场战略运用到了极致，不仅突破了原产地限制，还在省外安营扎寨，虎口夺食。

川酒企业中，剑南春为了摆脱经营困境，成为"六朵金花"里另一个率先出击全国市场的企业。面对市场化的骤然开放，剑南春果断放弃计划体制，选择涌入市场，踏上"南征北战"之路，抢先在全国市场建立起自己的销售网点。

当时，剑南春已经超前地启用客户档案策略，在全国客户档案的基础上，形成庞大的销售网络，成为川酒集团中不容小觑的一员强将。

可市场的魅力和危险，都在于它的不确定。1998年，一场金融危机引起整个亚洲的震荡。剑南春亦被波及，效益接连滑坡。处境艰难，唯有自救。既然市场整体环境不尽如人意，那就想方设法搞活市场。前后横跨十年，剑南春再次展现出了孤注一掷的豪情。

1989年组建形成的经营公司，为剑南春打下了良好的全国市场基础。一张覆盖全国1800多家经销商的销售网，又为其提供了腾挪转移的空间。这一次，剑南春在这张网上细细筛选，一个地区只保留一个经销商，将其提拔为总经销商，把最强的销售力量聚拢在一

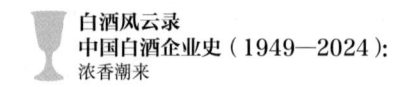

起，以实现销售端的优胜劣汰。[1]

在行业疲软时期削减经销商的行为在当时并不多见。大部分酒企为了提高营收，广泛增加经销商，从而提高白酒的市场占有率。但这并不是剑南春激活市场的有效方式。经销商的规模与白酒供应量密切相关，在消费者购买意向较低时，若产品供应量较多，经销商容易因资金积压而出现"杀价"[2]的倾向，严重影响白酒的品牌价值；若产品供应量较少，消费者无从购买，会让其他白酒品牌抢占自己的市场份额。

因此，精减经销商，让更有市场运作能力的人来售卖白酒，以此保证白酒的正常市场流通率，成为剑南春激活市场的重要手段之一。

结构先行，策略跟上。一支精兵强将的队伍已经建成，接下来就是恰当的产品布局。剑南春适应性地调整全国市场投放量，调控不同品类之间的价格差异，在开拓进取的过程中，不断探索新兴的市场营销模式。

进军首都北京就是个典型例子。作为中国首都，北京的市场竞争尤为激烈。二锅头作为独树一帜的本地品牌，占据了近一半的市场份额，拥有广泛的大众基础。除了二锅头这位本地老大哥，川酒、鲁酒、湘酒等不同板块的白酒品牌，也相继涌入北京争奇斗艳。独特的市场结构造就了独特的市场态势，由于壁垒限制较弱，剑南春也成为进驻北京市场的外来酒企之一。

---

[1] 刘润葵. 企业家的人格魅力——剑南春腾飞轨迹描述[J]. 中共四川省委省级机关党校学报, 2000(01): 32-38.

[2] 即降价销售。

第三章 酒王定江山，诸侯分天下

2001年，红星二锅头凭借一骑绝尘的品牌渗透率，在北京高端白酒市场独占鳌头。中高端市场则成为外来酒企争抢地盘的主战场。为此，剑南春陆续开发了东方红、金剑南、剑南娇子、剑南香等差异化产品，推出"唐时宫廷酒，盛世剑南春"的广告语，猛烈冲击北京白酒市场，顺利扎根在此。

五粮液和剑南春双强开道，在全国市场打下的卓越战绩，给川酒兄弟释放出积极信号。全兴、泸州老窖等老牌川酒纷纷跟上步伐，雄心勃勃地准备进军全国市场。回退收缩已经不再现实，进取开拓才是川酒集团突出重围的关键。

因此，在2000年前后，川酒兴起一股以攻为守的风潮。为了占据优势，川酒企业纷纷推出系列产品，抢占空当价格带和省外市场份额。在这一过程中，北京、上海、广州等城市，始终是酒企力求突围的重点市场。它们相信，这些市场就像一个个稳固船身的锚点，能让企业在面对风浪时依旧游刃有余，转危为安。

在重点城市的市场布局上，川酒显现出各具特色的突围方式。

沱牌是川酒"六朵金花"之一，白酒行业调整期来临之时，它紧跟川酒集团发展态势，选择走出原产地。

营销是沱牌向外走的利器。借由铺天盖地的全国营销宣传，沱牌不仅成功达成了预计的全国市场份额，还保障了酒企主要业务的稳定发展。迈入21世纪，沱牌的突围态势全面展开，将白酒产业作为传统盈利项目的同时，还提出高新技术产业转型战略。

紧随其后的是沱牌的人才战略。2000年，沱牌面向全国进行公开招聘，吸纳了优秀的人力资源。借此，沱牌引进了一批优秀的管理人才和市场人员。充沛的优秀人才资源为沱牌进军全国，实现转

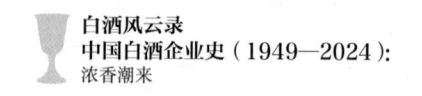

型助力，也为其站稳重点市场打开思路。

上海市场是沱牌攻坚克难的重点，作为一线城市，其战略地位及品牌影响力不言而喻。在20世纪90年代，由于大量酒类品种登陆上海滩，消费者饮酒观念发生变化，白酒市场被不断挤压，外来白酒品牌难以进入上海市场。

通过市场调查，沱牌发现上海消费者更加青睐新颖的白酒产品。于是，在产业转型的基础上，沱牌与上海复旦大学建立战略联盟。2000年底，上海复旦沱牌生物科技有限公司初步筹备建立，其经营范围包含药品、生物制品、保健制品等。[①]

与科技公司达成合作，意味着双方将共享技术、人才、市场等优势资源。对沱牌而言，科技公司能够帮助自身开发更具优势的功能性白酒。最重要的是，借由新公司，沱牌得以向多元化方向发展。

沱牌的市场策略和产业转型启发了其余川酒企业。五粮液、剑南春、泸州老窖等老牌酒企纷纷投石问路，开发出适合上海市场的新颖低度白酒品牌。2001年前后，这类历史悠久的川酒品牌以高知名度、高质量占据上海市场，彻底站稳脚跟。

纵观全国白酒行业，几乎很少有地域酒和川酒一样，在行业寒冬期选择集体开拓市场。无论五粮液、剑南春等稳步扩展的酒企，还是全兴、泸州老窖等主动破局的酒企，它们都坚持走出原产地，分化力量，开拓市场。

除了川酒"六朵金花"，一些地方性川酒企业在集体开拓的氛围下，也展现出非凡的创想和进取的勇气。不少川外酒企也积极开

[①] 朱咏. 沱牌公司与上海复旦建立战略联盟[J]. 酿酒, 2000(06): 98.

拓市场，应对行业变革。在行业低迷的时代中，这些逆流而上、锐意开拓的企业，让白酒市场不失光芒，为行业发展提供了值得深研的现实案例。

新势力打进老名酒大本营

即使行业陷入寒冬，仍有锐意进取的酒企选择"南征北战"，外拓突围。行业竞争的战场更多位于酒企尚未完全开发的经济发达地区。北京、上海、广州及沿海重点城市就是企业酣战的核心市场。挑选那些缺乏东道主，又饱含经济潜力的"无主地"挑起市场争夺战，是业内酒企约定俗成的规则。

一脚踏进对手企业的大本营，气势汹汹地拳打东道主，大张旗鼓地抢夺对方市场的例子少之又少。然而商业环境变幻莫测，在各家酒企各出奇招时，总有例外发生。

绵阳丰谷酒厂在射洪沱牌酒厂的大本营抢占对方市场，就是一个少见的例子。

1998年，四川射洪沱牌酒厂总部，一道围墙分开了厂区和当地居民生活区。围墙内的沱牌经过前几年的大肆收购，积攒下不少车间厂区，产能不断扩张。然而就在酒厂车间热火朝天地制曲产酒时，围墙外的小卖部却售卖着另外一种外地白酒。一天下来，差不多售卖了一整件。

在当时的川内白酒中，这样的情景不可思议。沱牌的知名度及市场控制力远非外来品牌能比，射洪正是其大本营。但来自四川绵阳的丰谷酒，却能攻入大本营，甚至在与厂区一墙之隔的小卖部占

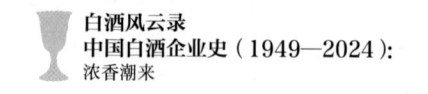

据强势地位，这无疑引起行业瞩目。

丰谷酒厂的前身为丰谷天佑烧坊，是王发天于清代康熙年间，在富乐烧坊的基础上创立的。1956年，烧坊合并，丰谷酒厂成立。1985年绵阳建市后，丰谷酒厂更名为国营绵阳市酒厂。1994年，丰谷酒厂进行股份制改造，成立四川省绵阳市丰谷酒业有限责任公司。

纵观丰谷与沱牌的前期历史沿革，两家酒企的发展轨迹十分相似。它们建厂时间相近，早期市场策略都以"农村包围城市"为主。这是两家酒企关于低端产品的营销策略，核心在于通过抢占城市周边的次级市场积攒力量，达到一定规模后，再形成合力，进攻中心城市。

"农村包围城市"是大部分地方酒企常用的策略。在四川省外，也有不少酒企采用该策略进行扩张，如湖北荆州白云边酒业在1998年就曾利用该策略，成功占据部分重点市场。

虽然丰谷与沱牌几乎同时建厂，但丰谷真正进入川内市场的时间晚于沱牌，这也为丰谷成功攻占沱牌大本营提供了有利条件。

沱牌在实行"农村包围城市"策略时，敏锐地察觉到农村市场存在巨大潜力，于是大举吞并，走上了漫长的扩建之路。一路上，沱牌不仅收购了大量酒厂和酿酒车间，还兼并了一些包装公司、原料厂商等相关上下游企业。

1996年前后，沱牌实现弯道超车，位居川酒"六朵金花"前列。沱牌"无限兼并"之路的目的，在于形成充沛的产能基础，从而占领全国农村市场。然而全国各地的农村市场基本由当地酒商占据，而且酒企间的更易极为频繁。沱牌的尝试在理论上可行，但想在短时间内完成计划却难如登天。

在一边扩产，一边占领的过程中，沱牌产品出现质量波动，由于扩产过于频繁，新窖质量下降，产品品质随之降低。再加上营销手段乏力，经销商策略低下，沱牌的全国农村市场扩展之路遇到了阻碍。

前人栽树，后人乘凉。因进入市场的时间较晚，丰谷反倒拥有了融汇各家之长的机会。所以，丰谷在农村市场实行了更为细化的经销模式。

在重点县城和重点乡镇，丰谷分别设置了经销商和专卖部；在地级以上的城市乡镇，又设立了特约经销处；在村落层面，由当地经销商设立经销点。[①]为了统管从上至下的经销层级，丰谷还设立了片区负责人进行全层级铺货。

在绵阳市下属乡镇，各地餐馆、便利店、小卖部都摆上了丰谷。丰谷整合了经销商的个体优势，建立起联结各乡镇的配送中心。这些餐饮点、商业营销点具备天然的集散功能，丰谷根据不同乡镇的实际情况，通过经销机制，将它们紧密地联结在一起，在构建共同经济利益的同时，逐步铺货，抢占市场。

1996年，沱牌在低端市场高速扩产。与此同时，丰谷开始发力。前者率先奔至中程，却愈加乏力；后者缓慢发展，反而稳扎稳打。

1998年，丰谷攻入射洪，在沱牌的毗邻之地，插旗呐喊，以点制胜。在整个白酒行业调整期的初始之年，丰谷年销售额达到2亿

---

① 何俊. 川酒，谁是四川销售之王[J]. 中国酒，2002(04): 20-23.

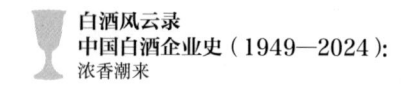

元，被誉为川酒"第七朵金花"。①

沱牌在低端酒市场与丰谷形成拉锯战。不过，丰谷的后来居上仅体现在低端市场的营销布局上。相比于沱牌，丰谷更加注重酒质管理，在低端市场铺货过程中，丰谷也没有因扩产而导致酒质变差。这个细节显现出丰谷对未来市场的野心，也是丰谷一招制胜，愈战愈强的关键。而沱牌经此一战，进退两难，逐渐将自家产品朝中高端靠拢，希望摆脱僵局。

2000年，丰谷年收入达3.6亿元。2001年，丰谷运作上市，上市之年的税利达12710万元，同比增长123.09%，企业净利润首次突破6000万元，已超过郎酒与沱牌，首次跃居川酒第五名。②丰谷产品在川内的市场份额再不容忽视。丰谷的突围在白酒行业调整期中异常瞩目，这也预示着川酒企业在集体拓展中选择了多元化方向。无论结果如何，被寄予厚望的丰谷的确为当时的低端市场开辟了一条新道路。

掀起浓香风潮

20世纪90年代，低度酒进入消费者视野，成为市场的新宠儿。酿造技术大步向前，为市场化下的酒王五粮液带来了前所未有的冲击，使得浓香型白酒逐渐掩盖清香型白酒的风头，成为消费者饮酒时的首选。在五粮液的带领下，属于浓香的时代，逐渐来临。

五粮液作为浓香型白酒的代表，市场销售额在1994年登顶后的10余年中一直处于金字塔尖，断层式的差距让其他酒企难以撼动。

---

① 摘自华夏时报网的文章《一杯"丰谷"苦酿》。
② 何俊. 川酒，谁是四川销售之王[J]. 中国酒，2002(04): 20-23.

一组销售额数据可以体现五粮液的强势引领力。1998年至2001年，五粮液的销售额分别为42.13亿元、51.96亿元、67.97亿元、81.89亿元，而排行第二的酒企年度销售额虽有提升，但始终未超过20亿元。[1]在五粮液的光辉效应下，不少其他香型的酒企为赶上浓香的大势，赢得市场的青睐，也先后加入浓香大军。

黄鹤楼酒就是其一。"昔人已乘黄鹤去，此地空余黄鹤楼。黄鹤一去不复返，白云千载空悠悠。"一首《黄鹤楼》道尽了武汉的瑰丽建筑，使之成为当地的一张名片。然而在白酒界，武汉也有一张响彻全国的"金字招牌"——黄鹤楼酒。

20世纪七八十年代是黄鹤楼酒发展的黄金时期。彼时，以汾酒为领头羊的清香型白酒正大为流行，黄鹤楼酒也凭借着优秀的清香工艺与品质，不仅在1984年和1989年的全国评酒大会上蝉联"中国名酒"的称号，还斩获了诸多其他奖项，得到市场的广泛认可。酒界泰斗秦含章在品尝特制黄鹤楼酒后，曾即兴题诗："数江边胜迹，看龟蛇两山；无意修仙阁，沧海内风物；推武汉一厂，有酒驰芳名。"

酒厂的老师傅也回忆起黄鹤楼酒的巅峰时刻："人们为了买上酒，排队的车子能从酒厂大门口排到解放大道，仅步行也需要20分钟。"

可短短几年后，浓香就取代清香纵横市场。

20世纪90年代是各大酒企"群雄逐鹿"的时代。在市场竞争激烈的情况下，敏锐应变，顺"市"而为，积极回应市场需求才是最

---

[1] 佚名.1998～2001年中国白酒销售额20强企业[J].酿酒科技，2002(03): 46.

佳生存之道。于是，新兴酒企借道浓香，在市场上崭露头角，老牌清香酒企转向浓香，寻求生机，成为行业发展的主流。可黄鹤楼酒起初并未赶上这一大潮。

1994年前后，在以孔府宴酒为代表的外来酒企的猛烈进攻下，黄鹤楼酒的市场线、战略线与产品线遭受重创。在激烈的市场化竞争下，黄鹤楼酒并未及时对旗下产品进行优化升级。由于营销手段与内部管理的后劲不足，原有优势逐渐被其他酒企的光芒掩盖，到2000年前后，黄鹤楼酒已濒临破产。

就在人们为曾经风光无限的黄鹤楼酒惋惜之时，黄鹤楼酒迎来了复兴的希望。

2003年6月，武汉天龙投资公司收购黄鹤楼酒业集团的良性资产与品牌，成立武汉天龙黄鹤楼酒业有限公司。黄鹤楼酒再次加入白酒市场的争夺。这一次，黄鹤楼酒吸取教训，在综合分析行业局势后，决定顺浓香大势而为，打造浓香精品。于是，黄鹤楼酒邀请泸州老窖酒体设计师、国家一级品评师陈佳进驻酒厂，为黄鹤楼酒研制全新的浓香型白酒产品。

在黄鹤楼酒业集团担任总经理期间，陈佳立志将黄鹤楼酒做到最好，使之成为武汉的名片。于是，在原有黄鹤楼酒的基础上，她打造出了新型的浓香黄鹤楼酒。这款酒于2004年5月进入市场，市场反响超过预期。产品面市不足3个月，新款黄鹤楼酒就创下了区域市场铺货速度第一，销售增长速度第一，消费者认知度第一的优异成绩。之后，黄鹤楼酒还取得"中国白酒工业百强""全国优质白酒""纯粮固态发酵白酒标志证牌"等多项国家级荣誉。

自此，黄鹤楼酒的发展势头直线上升，并于2006年10月，刷新了湖北省自产白酒的最高价位,将湖北白酒推向了中国白酒的高峰。

相比黄鹤楼酒后知后觉式的转型,位于安徽省蚌埠市的皖酒踏入浓香阵营的时间更早。创建于1949年的皖酒,是安徽省内历史最为悠久的酒厂之一,也是省内最早酿造酱香型白酒的一间酒厂。20世纪80年代,它已成为全国产量最大的酒厂之一,旗下蚌埠大曲、高粱大曲等酱香型白酒风靡江淮大地。由于皖酒物美价廉,人们称其为"大众茅台",市场美誉度极高。

20世纪90年代,在浓香风潮下,皖酒为布局省外市场销售网,开始主动从生产酱香型白酒向生产浓香型白酒转型。转型后的皖酒展现出强劲的市场迸发力,其推出的百年皖酒、皖酒王等产品在广东、福建、江西等省外市场受到热烈追捧。正是在浓香风潮的驱使下,皖酒抓紧从省内市场走向更广阔的省外市场,让人们记住了安徽的美酒,使"安徽出好酒,喝酒喝皖酒"的广告语深入人心。

位于内蒙古河套平原的河套王,亦是转浓大军的一员。踏入浓香阵营对于河套王而言,几乎是扭转企业命运的关键之举。对于北方白酒市场而言,河套王打破了北方无法生产浓香型白酒的定论,开创了全新的淡雅型浓香风格。

1991年,白酒行业的风潮已逐渐向浓香转变。北方清香型白酒市场呈现下滑势头。河套王敏锐地捕捉到市场变动,提出使用红砖泥窖酿制白酒,进行香型创新,打造淡雅型浓香风格。

在业内外的质疑下,河套王执意开始酿制浓香型白酒。事实证明,这一决定精准地预见了白酒市场的未来走向。

在浓香风气愈加盛行的时候,河套王顺利并入浓香轨道,推出

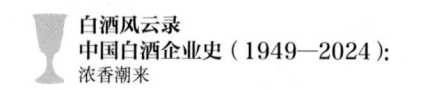

以清辅浓、浓清结合的全新白酒产品。全新的河套系列产品真正地做到了"低而不淡，香而不艳"，顺利成为北方浓香型白酒的典型代表，被称为中国北方第一窖，广受市场推崇。

在浓香风潮下，北方酒企打破定势，成功开拓一条转型浓香的道路。南方江淮地区同样涌现了一批实力异常雄厚的白酒企业，例如被称为酒业黑马的洋河。

洋河素有"福泉酒海清香美，味占江淮第一家"的美誉，在江淮地区颇具影响力。千禧年后，位居酒业顶峰的五粮液、茅台两家酒企"神仙打架"的境况，让洋河意识到，在强者盘踞的香型领域，洋河想要搏出未来虽不容易，但未尝不可放手一搏。

于是，洋河领导班子带领团队研发出清香绵柔型的白酒——洋河梦之蓝。全新的风格、大胆独到的靛蓝色包装设计，在消费市场独树一帜，让洋河梦之蓝成为一匹在浓香风潮中奔腾而出的黑马，于2010年创下营收76.19亿元的奇迹。[1]要知道，在2006年，洋河的营收才刚超过10亿元。

五粮液开道，全行业涌入浓香阵营，是21世纪最初十年的中国白酒行业的最重要议题。随着顶峰酒企的带动，川酒集团的全国大出击，以及消费需求引导的酒界大转型，浩浩荡荡的浓香风潮，终于到来了。

---

[1] 李蕾. 沪深第一高价股洋河营收超76亿[N]. 新京报，2011.

第二节
抢占新"封地"

追逐上市,资本不眠

20世纪80年代,在城市国有企业改革的推动下,中国迎来了证券时代。1984年11月,经人民银行上海分行批准,上海飞乐电声总厂、飞乐电声总厂三分厂、工商银行上海市分行信托公司静安分部等发起设立上海飞乐音响股份有限公司。飞乐音响成为新中国首只面向社会公开发行的股票。

1990年12月19日,上海证券交易所大厅人声鼎沸,总经理尉文渊敲响了开市第一锤。此时,包含飞乐音响在内,上海已有八只股票上市。上市企业并非钻透了股份制,而是因为银行无法为它们提供充足的发展资金,所以直接向社会融资。

尽管此时中国市场经济的各要素还未完全形成,但资本市场已开始抢跑。事实证明,资本市场走上了中国特色社会主义现代化经济发展的大道。1992年,中国正式确立建立社会主义市场经济体制

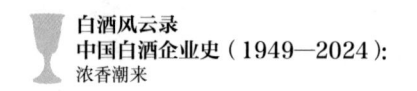

的目标。同年全国股份制企业达3700多家,[1]各行各业的民营、国有企业涌入了上市大潮。

汾酒与泸州老窖率先改制,于1994年分别在上海证券交易所、深圳证券交易所挂牌上市,成为率先闯入资本市场的白酒先驱。这拉开了中国酒企密集上市的序幕。沱牌舍得、古井贡、酒鬼酒、五粮液、茅台等知名酒企于1994年后,相继与资本市场接轨。

沱牌是继汾酒、泸州老窖后,第三家主动迈入资本大门的酒企。其实在当时所有名酒企中,沱牌的名气是最小的。1989年,54度与38度的沱牌方才凭借"纯、甜、净、爽"的独特口感登上中国名酒的宝座,挤入"六朵金花"行列,被业内外熟知。论名气,当时的沱牌暂时比不上十七大名酒[2]中其他前列选手。沱牌还需要更多推力,以实现品牌的跃升。上市,是沱牌领导班子看重的好机会。

获奖以后,沱牌的发展水到渠成,但领导班子并未视其为理所当然,也没有被眼前殊荣蒙蔽,而是坚信沱牌应该瞄准国际先进企业的队列,成为一家现代化、国际化与科技化的集团。而登陆资本市场,能够让沱牌拥有更多的资金、政策支持,有利于实现目标。于是,李家顺等领导班子带领沱牌实行股份制改造,在1993年成立四川沱牌实业股份有限公司,开始定向募集资金,并明确要成为股票上市公司。

1994年11月,为在新市场经济下促进传统企业转变为高效益的现代企业,国家将沱牌列为全国首批100户现代企业制度试点企业

---

[1] 摘自凤凰网的文章《中国上市公司:资本市场催生出的响亮名字》。
[2] 茅台酒、汾酒、五粮液、洋河大曲、剑南春、古井贡酒、董酒、西凤酒、泸州老窖特曲、全兴大曲酒、双沟大曲、特制黄鹤楼酒、郎酒、武陵酒、宝丰酒、宋河粮液、沱牌曲酒。

之一。这为沱牌的上市提供了政策红利。次年，四川沱牌集团有限公司成立，成为四川省1995年度首家股票发行与上市的公司。

历经繁复的手续和审批流程后，1996年5月24日，沱牌股份（现舍得酒业）终于在上海证券交易所上市。这不仅增强了沱牌直接融资的能力，还增强了其市场竞争力，让沱牌迎来属于自己的黄金时代。

值得一提的是，这一年古井贡酒与水井坊也接连上市。前者创下了同时登陆AB股[1]的行业先例，后者则通过登陆资本市场，为自身发展提供了巨大的能量。

1997年，酒鬼酒成功登陆资本市场。就在外界感慨为何白酒老大五粮液还没上市时，五粮液内部已开始筹备相关事宜。1997年4月，五粮液成立了宜宾五粮液集团股份有限公司筹备组。经过一年时间的积极准备，五粮液酒厂改制为四川省宜宾五粮液集团有限公司。

1998年4月27日是值得被全体五粮液员工铭记的日子。这天宜宾五粮液股份有限公司（股票代码000858）正式在深圳证券交易所上市，发行股票8000万股，每股发行价14.77元。上市当日，五粮液的股价已升至54.50元每股，同比上涨了268.99%。[2]这一火爆现象充分体现了资本市场对五粮液的认可，也让五粮液开启了资本运营的时代。

虽然这只是资本运作的开端，但五粮液迅猛增长的势头让人难以忽视。1998年五粮液的总股本为3.2亿元，1999年的总股本为4.8

---

[1] AB股，即古井贡酒同时在上海、深圳两市资本市场发行股票，上海A股股票用人民币交易，深圳B股股票用港币交易。
[2] 摘自搜狐网的文章《五粮液，创造资本运营奇迹的秘密》。

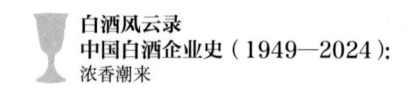

亿元，到2000年时，五粮液的利润总额已到达10.071亿元。①

与五粮液拥有同等关注度的另一头部酒企——茅台，也在2001年踏入了资本元年。其实，早在五粮液筹备上市之前，茅台就已开始"晴天修屋顶"。1996年7月，茅台酒厂改制为国有独资公司，并更名为中国贵州茅台酒厂（集团）有限责任公司，准备进军资本市场。

1998年2月，茅台向贵州省轻纺工业厅报送相关资料后，经过募集资金、资产与机构重组等规定环节，终于得到省工业厅的批准。1999年11月20日，茅台集团正式成立贵州茅台酒股份有限公司，并迅速设立相关的职能机构，将所有上市工作全部落实，等待合适的时机与资本市场接轨。

终于，2001年8月27日，贵州茅台（股票代码600519）正式在上海证券交易所挂牌上市。贵州茅台在资本市场上一现身，立即受到股民的追捧。当天，贵州茅台的发行价为31.39元，开盘价达37.2元，涨幅达13.25%，总成交额达141034.20万元，占沪市成交总额的56.83%，远高于同期上市的其他股票。②

有人认为，与其他酒企相比，茅台上市太晚，损失了太多红利。而彼时茅台集团董事长季克良却认为这是恰逢时机。从募集资金来看，因晚四年上市，茅台比其他酒企多募集10亿元资金，这对于茅台与股民而言都是一件好事；从企业压力来看，过去诸多企业为了上市，顾及多方关系，为企业带来不良影响，而茅台在国家相关政策转变后上市，避免步其他企业的后尘，从而让企业在健康环

---

① 摘自搜狐网的文章《五粮液，创造资本运营奇迹的秘密》。
② 季克良.季克良：我与茅台五十年[M].贵阳：贵州人民出版社，2017.

境下发展；从多方利益来看，此时一、二级市场价差小，中小股民选择余地大，不必担心被套牢。

事实证明，季克良的结论正确。上市后的茅台不论是品牌形象，还是市场开拓都有很大提升，公司的日常运作也在资本市场的监督下更加规范，茅台因而能够稳健地朝着未来发展。

酒企追逐上市的过程也是一场"厮杀"，谁能上市，谁就能获得更多市场资源。一些酒企成功被资本市场选择，但也有一些酒企并未赶上此轮风潮。

白酒第一集团军内，五粮液与茅台已经接连上市，"茅五剑"中的剑南春也欲赶上这波热潮。2002年9月，剑南春通过股权购买的方式，成为上市公司金路集团的第三大股东。随后，剑南春和金路集团第一大股东西藏珠峰摩托公司谈妥，准备购买后者股权。一旦股权转让成功，就意味着剑南春借壳上市的梦想即将实现。[1]

未曾意料的是，西藏珠峰摩托公司的一笔历史欠款，打乱了剑南春的上市计划。2002年的最后一天，珠峰摩托公司的掌门人，正式成为金路集团第一大股东，剑南春并没有如期接过大股东的重担，未能上市。

高端酒战局开盘

历史的齿轮进入千禧之年后，中国白酒行业的高端酒战局也拉开了帷幕。而战局的揭幕者，正是以中低端白酒满足广大用户饮酒需求的全兴。

---

[1] 摘自酒业新闻网的文章《解密剑南春"借壳上市"传闻》。

白酒风云录
中国白酒企业史（1949—2024）：
浓香潮来

1998年8月，全兴酒厂正在对成都市锦江河畔水井街的酿酒车间进行改造，偶然发现地下埋藏着古时酿酒的遗迹：酒窖、炉灶、晾堂……这一消息惊动了考古学者。经过权威人士的考察，该酒窖的历史可追溯至元末明初，至今已有600多年。这一历经元、明、清三代却依然保存较完善的酿酒作坊，是当时全世界已发现的最古老、最全面、保存最完整的古代酿酒作坊，被誉为"世界最古老的酿造作坊""中国白酒第一坊"。

白酒之源在全兴酿酒车间的亮相，让领导班子惊喜万分，这是全兴步入高端酒阵营的"直通票"。筹备多年的全兴终于有机会冲击高端白酒阵营，在市场经济中赢得更好发展。

自20世纪60年代开始，全兴大曲就凭借出色的口感与质量斩获国内多项名酒奖项，与茅台、五粮液等一众老名酒并列。20世纪90年代，"品全兴，万事兴"的口号让全兴的名号响彻大江南北。人们喝着全兴大曲，看着全兴足球队比赛的场景成为一代人的回忆。

随着改革开放进程的不断深入，中国出现了一批高收入、高消费群体。但因市场定位处于中低端，全兴酒价格不高，消费群体较为单一，无法获得高消费群体的青睐。这一突出矛盾让全兴未能与市场经济的发展同向而行。全兴对抗市场风险的能力亟须增强。

天助全兴，水井街酒坊遗址被发现后，全兴领导班子抓住这一机会，调动所有资源，与中国科学院成都生物研究所、清华大学展开合作。千年老窖万年糟，酒好还需窖池老。全兴以古窖池为基础，激活并繁殖了以"水井坊一号菌"为代表的古糟菌群，吸取传统酿造技艺与经验，踏上了打造高端酒之路。

2000年8月，全兴在广州召开了考古发现暨水井坊酒展示会，这个举公司所有资源打造出的高端白酒——水井坊,终于问世。彼时,茅台与五粮液的市场零售价位于200元左右,而水井坊的定价高达600元,[①]成为行业最贵的白酒,引发众人关注。

水井坊的市场运作模式极具针对性。

首先,水井坊将历史作为品牌的文化核心,成功塑造核心品牌概念,并以川酒文化、窖址文化、原产地文化等为文化理念,满足消费者日益增长的消费需求。

其次,水井坊在广州市场上市时,创造了丰富的营销场景。比如水井坊上市新闻发布会的规格、声势引起各大媒体的广泛关注。随之而来的酒会、音乐会、运动会等活动数不胜数,这极大限度地提高了水井坊的品牌知名度。

依靠强大的品牌影响力与营销能力,水井坊一炮而红,迅速拓展了华南地区的深圳、珠海、湛江等20余个城市,同时辐射云南、湖南、河南等地,并在北京、上海等地开启相关活动。仅在推出当年,水井坊就实现了盈亏平衡。

市场对水井坊的强烈反响,意味着全兴出征高端酒战局取得阶段性胜利。作为首个向高端酒阵营进军的中低端品牌,全兴的行动给予了同行更多发展启示。

在水井坊面世后,泸州老窖也在2001年正式击响了高端酒战局的擂鼓,高调推出了影响白酒未来发展格局的百亿大单品——国窖1573。

不少人对国窖1573的认知来自一支经典广告:"你能听到的历

---

① 摘自雪球的文章《水井坊的高端突围》。

史136年，你能看到的历史174年，你能品味的历史440年，国窖1573。"随着时间的流逝，广告中的数字会逐年更新，这让泸州老窖的历史更加深厚。

400余年的白酒，穿越时空与21世纪的消费者"相拥"。这背后是泸州老窖的精心孵化。1996年，泸州老窖依靠内部的明代窖池，被国务院批准为业内首批全国重点文物保护单位。官方机构的认证，为泸州老窖提供了坚实的背书，也吸引了行业内外的关注。

但事实上，泸州老窖当时的发展并没有表面那般光鲜亮丽。在中国白酒还未市场化以前，泸州老窖不论是规模，还是效益，均是浓香型白酒之牛耳。1988年，国家放开对名酒名烟的价格管控政策，提量不提价的措施让泸州老窖"名酒变民酒"，加之自身内部管理有缺陷，泸州老窖因此跌出高端阵营。

不过，泸州老窖一直试图通过推出新产品，重返高端阵营。在获得国家背书后，它抓住机会，在全国重点文物保护单位的基础上推出"国宝酒"（国窖1573前身），但成绩并未达到预期。泸州老窖的志向是打造极品，展现出一"赌"定天下的气势。

在品质、工艺等产品内涵方面，泸州老窖已具备冲击高端白酒市场的成熟条件，但在产品外观设计上还存在短板。而刚从五粮液离职的万宇，成为改变泸州老窖命运的关键人物之一。

万宇是中国白酒行业内顶尖的产品设计师，彼时五粮液的诸多经典包装均出自她手。其中，水晶多棱瓶是她最得意的设计作品，到今天依然是五粮液的经典。离开五粮液后，时任泸州老窖党委书记的袁秀平找到她，希望她能负责泸州老窖高端产品的设计，并提出了两点要求：比五粮液贵，比五粮液好看。

五个月后，泸州老窖领导班子带领一行人再次与万宇会面，她将自己关于产品的设计理念与品牌构想和盘托出。正是这一次会谈，促成了一个具有划时代意义的产品诞生——国窖1573。

即便在2021年回忆起当时的思绪，万宇依然难掩激动。从产品名称上看，"国窖"寓意国在天，窖在地，白酒正是集天地之灵气，汲日月之精华而成的产物；"1573"为老窖池建成的年份。从瓶体和包装设计上看，五个"国"为核心，即国旗、国玺、国体、国土、国花。国旗的红、金配色用于瓶身，国玺一般的庄重大气用于瓶体，加之手工原创的老宋体字，这瓶酒的荣誉与沧桑之感油然而生。同时，瓶上的96颗五星象征中国960多万平方千米的陆地国土面积，外包装则采用国花牡丹。由此，泸州老窖高端白酒国窖1573正式成形。

国窖1573不只是泸州老窖的心血，也是国家对白酒发展的栽培成果。2001年，在成都全国春季糖酒会上，泸州老窖以召开新闻发布会的形式向大众宣布：国窖1573正式问世。在价格上，国窖1573定价仍然高于五粮液与茅台，进入高端白酒市场的第一价格梯队。

在国窖1573上市后两年左右，中国白酒就进入了发展的黄金时期。这让泸州老窖乘上了发展的东风，消费者的认可让其收益飞升。值得一提的是，在2006年，作为浓香型白酒的代表，泸州老窖的传统酿制技艺入选首批国家非物质文化遗产代表作名录，与1573国宝窖池群并称为泸州老窖的文化遗产"双国宝"。之后，泸州老窖明代古窖池群也多次入围"中国世界文化遗产预备名单"。这让国窖1573量价提升，成为泸州老窖重返高端白酒阵营的"必杀技"。

在国窖1573面世后，其他知名酒企也相继推出高端产品，以入局高端市场。例如一直走亲民路线的沱牌，在2001年推出了旗下高端产品"舍得"，而后剑南春也推出了"东方红"。

在21世纪初的白酒战局中，人们能看到水井坊以"中国白酒第一坊"傲视群雄，国窖1573凭借"双国宝"风行市场，舍得以"舍百斤好酒，得两斤精华"赢得消费者喜爱等盛况。高端白酒战局内硝烟四起。新的战局开盘，谁能够坚守阵地，谁又会损兵折将，只能在市场的发展之中寻找最后的答案。

跑马圈地：营销革命与渠道战争

在白酒行业"诸侯分天下"的时代，不论是资本市场、高端白酒阵营，还是大众消费市场，都已成为各酒企集中火力必攻克之地。随着行业内后起之秀越来越多，各大老牌名酒坚守阵地，行业内的硝烟愈发浓烈。为了占领封地，双方通过各种"出圈"的营销方式来实现在市场的跑马圈地。

小糊涂仙就是当时营销革命最成功的代表之一。1997年，白酒行业的"星空图谱"中多了一颗后起之星——小糊涂仙。它的创始人并不是白酒行业内的专业人士，而是从家电行业半路出家的黄维崧。

1998年，黄维崧带领着一队人马前往成都春季全国糖酒会，准备借此机会打响新品小糊涂仙的名声。活动方将此次糖酒会的所有展览品都集中在同一场馆内，密集的人群让糖酒会盛况空前，但黄维崧的脸色并不明朗。原来，刚刚问世的小糊涂仙遭遇了冷场。从糖酒会败兴而归后，打响小糊涂仙名声成为亟须落地的事情。

用更有效的方式来占领市场，成为小糊涂仙要下功夫的事情。虽然当时白酒已经迈入市场化十年之久，但白酒行业内各酒企的市场化程度还不高，营销渠道也不算丰富。比如，白酒非常依赖广告来提升产品知名度，但秦池等事件突发后，这一效应也不比从前。而在渠道方面，经销商成为各大酒企占据市场的关键点，为了获得快回报，经销商更愿意与较为成熟的白酒产品合作。如果延续传统的白酒营销方式，小糊涂仙很难在短时间内突围。

当一种方法的执行难以奏效时，想要获得答案，就只有颠覆它。于是，领导班子决定将家电"老本行"那一套方法应用于小糊涂仙的推广。

哪里离消费者近，就把酒卖到哪里。既然经销商暂时不卖小糊涂仙，那就直接把它卖给消费者。彼时，白酒行业内的终端运作基本处于空白，小糊涂仙创新性地采用终端销售的方式，拉开了行业营销革命的序幕。

首先是组建营销团队。为了快速铺开市场，其他酒企要求前来应聘的销售人员具备相关工作经验。但小糊涂仙反其道而行之，规定只要是做过酒的人一概不要，而是通过从电器厂抽调员工及外聘的方式，组建了一支19人的销售团队，从此开启了征途。

打开市场的第一站是广州。小糊涂仙的销售人员直接将货铺入终端，并制定协助终端卖货的方案。小糊涂仙进军的一个重要终端市场是餐饮行业。在餐饮行业内，小糊涂仙不仅买断柜台陈列，还设计了品牌形象"小酒"来推荐酒水，让顾客了解并饮用。同时，为了让酒卖得好，小糊涂仙举办了"买一送一""开瓶有奖"等活动。此外，小糊涂仙给予服务员"开瓶费"提成，促进产品销售。

新颖的营销方式获得了消费者的好感,而终端老板们也因消费者买单纷纷进货。

经过业务人员的全力以赴,三个月后小糊涂仙的市场迅速扩大,一个年轻的白酒品牌就这样在市场中流通了起来。广州市场告捷后,小糊涂仙从广州队伍中抽出部分人员移师北京,将广州模式应用于北京市场,很快获得了热烈反响。于是,小糊涂仙顺势而为,面向全国招商,全国各地的经销商队伍也开始壮大起来,形成了一批有影响力的重点市场与样板市场。

不只是销售终端的营销策略大获成功,小糊涂仙还在白酒行业内开创了"后备箱工程",让"发烧友"帮助自己宣传产品。发烧友是刚刚退休的老干部们,他们既不受职位束缚,还具有影响力。通过向该群体免费赠酒,使其后备箱内常备一箱小糊涂仙,可以得到他们的推荐。这一效应在全国各地形成了一道"风景线"。

小糊涂仙还是开创白酒文化营销的先行者。从产品名字可以看出,小糊涂仙推行的正是"糊涂文化"。对消费者来说,糊涂文化就是人在"江湖",能看开一点,就看开一点。在竞争激烈的时代,这一豁达的文化俘获了不少消费者。

在诸多酒企市场营销途径较单一时,小糊涂仙大胆实施终端策略、文化营销与人脉发动"三位一体"营销战略,无疑具有划时代意义。在1997—2003年,小糊涂仙的产品销售额达10亿元,这不仅是小糊涂仙的壮举,也是白酒行业发展的里程碑。它的营销破局方法论,深刻地影响了整个白酒行业营销的发展,被越来越多的企业借鉴。

小糊涂仙的营销开拓正如火如荼,另一边,以古井贡为代表的老牌名酒也通过深度分销的模式，从计划销售转变为市场销售，拿下更多"江山"。

2000年，苏州新立酒业公司的老高南下出差，发现古井贡五年、十年陈酿系列市场铺货率在南方沿海城市极高，上可达高档酒店，下可至街边大排档。

"为什么古井贡在距离远的南方城市这么受欢迎，在距离近的苏州市场，反而没什么波澜？"他带着疑问回到苏州，对古井贡的市场进行一番排查后发现：苏州的经销商多为国营老糖酒公司，销售逻辑还是计划经济时的那一套，根本吃不消市场。除此之外，由于销售通路中利润较少，苏州的超市、酒店等对推荐古井贡的积极性并不高。

古井贡深知"症结"所在，决心挣脱束缚，提出"好品牌还需要好经销商"的经营理念，努力构建深度分销系统。所谓深度分销，就是通过厂商一体化，结合厂家组织力、商家客情与配送力的优势，完成市场终端的高覆盖。而老高也一直渴望做出好品牌，于是筹集资金，向厂家申请独家经销古井贡品牌的资质。

为了帮助老高构建市场分销网络，古井贡特意让善于深度分销的杨经理对其进行指导。

古井贡白酒产品种类丰富，哪些产品适合苏州市场，又能快速转化为利润成为两人首先要思考的问题。因为苏州经济发展与人均消费水平都稳居全国前列，厂商一致认为中高价位的产品最符合苏州特质。于是，老高与杨经理在拜访当地酒店老板与分销商后，定下古井贡在苏州市场的产品结构：主城区以高档产品为主，主推五年陈酿，次推十年陈酿；中、低档产品则重点发力乡镇市场，分别

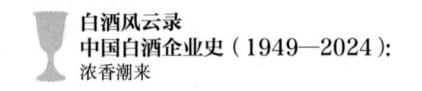

以六角型古井贡酒、古井双喜为主。

定下产品结构后,古井贡在苏州的深度分销就此拉开序幕——"中心造势,周边取量,酒店、商超、分销通路分阶段进行"。[1]

首先是酒店终端的铺货,业务人员兵分三路对苏州境内具有影响力的酒店进行调查,了解每个酒店的特点。经过前期周密调查,老高等人开始制定相应的铺货策略、划定铺货路线,并根据不同酒店的特点逐个击破,最终在中心区域内掌控了多家具有影响力的酒店。在酒店终端,古井贡开展了诸多促销活动,例如,刮刮卡、回收瓶盖、店庆活动等。一时之间,古井贡在酒店终端引发一波热潮,一些普通酒店也开始进货。

拿下酒店终端后,老高等人开始攻入商超终端。彼时在苏州具有强大影响力的华润与美佳两大零售巨头成为突破口。在老高丰富的社会资源及合理的利润机制下,华润与美佳也被一一攻破。值得一提的是,为了刺激商超终端的销售,古井贡还与《姑苏晚报》合作,使其连续刊登古井贡品牌故事,消费者集齐16个故事,就能前往商超兑换赠品,实现品牌影响力与销售量"一箭双雕"。

从市场横向上看,古井贡的"面"已经铺广了,但要真正做到"中心造势,周边取量",还得向纵深发展。于是,老高走向深度分销的第三步——分销通路的建设,与分销商一起把古井贡市场的蛋糕做大、做厚。

因此,老高与杨经理开始在城区内重点发展分销商,划定各经销商的范围,以保证终端的正常需求量。城区之下的乡镇,也按照每一个镇子发展一家分销商的原则,来占领下沉市场。分销商除了

---

[1] 吴永法. 深度分销:攻克铺货障碍[J]. 现代营销, 2004(02): 22-23.

需要开展各种促销活动，还需要举办相关的会议商讨工作开展等事项，同时各级分销商还需签订约束协议，保持古井贡价格稳定，维持市场秩序。在这一布局下，分销商成为古井贡在苏州市场的新增长曲线。

在2000年至2002年间，古井贡在苏州市场的销售额三连直跳，增长速度令人拍案叫绝：2000年的销售额仅有348.3万元，2001年的销售额便达到778.8万元，2002年的销售额更直达1394万元。[①]

古井贡的深度分销策略大获成功。与此同时，安徽白酒的另一匹黑马口子窖，通过盘中盘模式，成为开创新营销时代的主角之一。

21世纪初，餐饮成为各大酒企争相追逐的终端市场。口子窖在整合餐饮资源的基础上，摸索出了创新的营销方式：盘中盘模式。

所谓盘中盘模式，就是将整体目标市场作为大盘，将核心终端作为小盘，先做好小盘，再以小盘撬动大盘。盘中盘模式的理论基础，是管理学家约瑟夫·朱兰总结提出的二八法则。二八法则认为，20%的人手里掌握了80%的财富。口子窖用80%的资源攻陷掌握关键效益的20%（核心终端小盘），带动其余80%（整体目标大盘）的发展。

简而言之，盘中盘模式就是以小带大，以点带面。

2000年，口子窖盘中盘模式率先在合肥撒下种子。口子窖与合肥高端酒店金满楼、香格里拉等合作，将产品推到酒店餐桌上。通过影响高消费人群，培养核心示范人群（小盘）的消费习惯，实

[①] 吴永法. 深度分销：攻克铺货障碍[J]. 现代营销, 2004(02): 22-23.

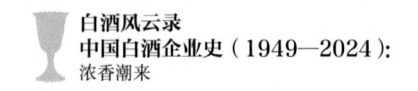

现小盘（高档酒店）带动中盘（中档酒店），最终实现大盘（如商场、超市、零售店）的渗透推广。

盘中盘模式的关键在于用以点带面的营销方式，攻城略地，抢占市场。通过盘中盘模式，口子窖将合肥市场做得密不透风。随后，口子窖复制盘中盘打法，攻下西安、南京、郑州、济南等市场，大获成功。

口子窖为白酒市场验证了盘中盘模式的可行性。一时间，无数酒企复制该方法，川酒、徽酒、冀酒、豫酒等多方产区酒商借此打开市场。盘中盘模式愈演愈烈，成为潮流。白酒营销之战又添一门新战术。

21世纪初期，小糊涂仙、古井贡、口子窖等酒企靠着各自创新的方式，在新的营销领域中实现了跑马圈地。但这绝不是全部。当时各酒企的营销革命各有门路，它们互相学习，又有所创新，翻开了白酒营销史上新的一页。

第三节
资产重组，换血之途

郎酒"地震"：一场行业瞩目的改制

2001年，郎酒的命运在一场改制中开始发生转变。这场转变不仅引发了郎酒内部的"地震"，也拉开了中国名酒民营化改制的序幕。

彼时行业竞争异常激烈，各酒企为了抢先在市场上跑马圈地而各施其计。一些酒企与时俱进，较为平稳地与市场相拥；而另一些酒企未完全转变市场观念，或受体制等因素的束缚，发展前景并不明朗。郎酒属于后者，与一众鲁酒一样，面临着发展难题。

2001年1月至5月，郎酒的销售额已下滑65%，[1]而这只是下滑的开端。之后几个月，郎酒经营持续下滑，肩上所负的债务也越积越多，已到濒临破产的地步。

---

[1] 闫芬，周再宇，马轶红. 内外兼修之郎酒[J]. 旅游时代，2012(06): 14-15.

白酒风云录
中国白酒企业史（1949—2024）：
浓香潮来

  这家曾为古蔺创下诸多荣誉的酒企落得如此地步，成为郎酒与古蔺政府的一大痛点。双方都急切地寻找出路。而改制这条道路，逐渐成为彼时郎酒董事长付志明与古蔺政府的一致选择。改制需要引路人，谁有能力接盘郎酒，使其浴火重生？[①]最终，汪俊林被选定为接手人。

  1992年，泸州国营制药厂濒临破产，汪俊林出任该制药厂厂长。仅用一年时间，汪俊林就让药厂的销售额增加了4~5倍。之后10年内，他顺势推动了泸州制药厂的改制，使其成为一家年收入达4亿元的企业集团——宝光集团。1999年，汪俊林接管亏损上亿元的国有企业四川长江机械集团。当年，公司取得突出成绩：减亏7000多万元，实现收入3.6亿元，税收1130万元，利润500多万元。[②]

  郎酒的规模远大于宝光集团，接手郎酒并不是件易事，但思索再三，汪俊林还是决定接手并购。于是，在与茅台、五粮液、新希望、中粮等竞标对手的竞争下，郎酒最终花落宝光集团。

  2001年10月1日，郎酒正式对外发布公告：四川郎酒集团被民营企业泸州宝光集团有限公司托管。消息一经披露，就引发了行业内外的关注。郎酒作为老牌名酒之一，也走向了民营资本？一时之间，行业内外猜测纷纷。

  事实上，郎酒的改制之路存在很多阻力与困难。

  第一个问题是郎酒内部的向心力。宝光集团托管郎酒的消息在郎酒内部传开后，马上炸开了锅。彼时，郎酒正处于内部管理的变

---

① 张晓晖，肖可. 郎酒启示录[N]. 经济观察报，2007-08-27(034).
② 摘自王微微、徐爱之、王炜的文章《郎酒改制故事：从国有资产变成汪俊林家私产》。

革中，经过一段时间的努力已渐显成果。员工担心宝光集团的加入会让郎酒的努力功亏一篑。第二个问题是，宝光集团作为民营企业，规模不及郎酒。于是，国有资产大量流失等言论甚嚣尘上，更有员工围困干部，影响正常生产秩序，郎酒内部涌动着不安的气氛。

汪俊林得知此事后，立即采取了"三把斧"。第一把斧，汪俊林立即从成都赶回古蔺，挂着写有"董事长汪俊林"的胸牌奔赴现场，稳定大局。第二把斧，主动找职工代表谈话，在打消员工顾虑的同时，讲明改制的做法。第三把斧，倾听员工心声，向员工做出郑重承诺："我做事情有一个原则，不论是宝光集团、长工集团还是郎酒，都会把一个不值钱的东西做到最好，做到最终大家都受益，政府受益、职工受益、企业受益，形成一个多赢的局面。"[①]

历经此事后，郎酒的内部才逐渐回归常态。

还有一个现实问题是资金，这也是汪俊林犹豫的重要原因。2002年3月，专业会计师事务所对郎酒进行资产评估。截至2001年9月30日，郎酒的总资产为17.28亿元，净资产为6.3882亿元。在扣除1.5亿元职工工龄买断款后，郎酒最终作价4.9亿元，以股权协议转让的方式卖给宝光集团。但是，当时宝光集团的总资产仅有7.94亿元，经2002年12月31日核算，净资产仅有2.43亿元。[②] 可见，汪俊林无法拿出足够的巨额现金。但经过几番洽谈，古蔺政府允许宝光集团在三年内，分三次付清，每次付款1.5亿元。为了付清此笔款项，汪俊林甚至卖掉了旗下地产公司50%的股权，以有充分的现金收购郎酒。

[①] 摘自王微微、徐爱之、王炜的文章《郎酒改制故事：从国有资产变成汪俊林家私产》。
[②] 张晓晖，肖可. 郎酒启示录[N]. 经济观察报，2007-08-27(034).

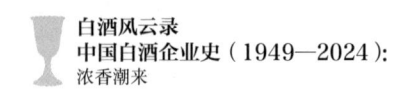

自此之后，不论是内部的经营管理，还是外部的资本交接，汪俊林在郎酒改制一事上都保持着渐进的步伐。

2007年7月，郎酒就改制事项办理了工商的变更手续，宝光集团实现对郎酒的全资控股。这意味着，郎酒原有的国有资本已经完全退出，为汪俊林本人私有，完全实施民营化运行。

郎酒如今的发展证明，民营化改制是正确的。它不仅让郎酒盘活了全部国有资产，还让其摆脱了发展困境，使郎酒步入新的发展轨道。这让更多企业意识到，改制能给公司带来更多的发展机遇，真正促成多方共赢。

民营化风潮：告别国有身份

自郎酒拉开中国国有名酒企改制的序幕后，其余国有酒企为了摆脱体制的束缚，更好地与市场经济拥抱，也纷纷开始改制、重组、拥抱资本，告别国有身份。

在整个白酒行业中，作为黔酒代表的董酒的改制路途可谓一波三折。

20世纪80年代至90年代初的董酒，一直以贵州标杆酒企的身份带领一众黔酒走向全国。其间，董酒产量历经百吨到万吨的里程碑式跨越，市场销路前景大好。员工回忆起当时的场景，十分感慨："那时候生产都要加班加点，年产量上万吨，总销售额在2亿元左右，每年上缴利税8000多万元，而且还经常有人过来，将大量的资金投入酒厂，就是想拿到一些指标。"[1]

---

[1] 摘自新浪网的文章《董酒的十年改制路》。

第三章
酒王定江山，诸侯分天下

不过1995年，厂长陈锡初的突然离世让酒厂内部乱了方寸，管理问题频频凸显。但这仅是导火索。在发展的黄金时期，董酒企业规模渐大，但为了满足市级的要求，董酒大量调进职员，职工素质参差不齐，且内部各大派系明争暗斗，扰乱了酒厂生产与经营的正常秩序。

此后两年，上级先后派遣两位厂长坐镇董酒，都无法打破市场僵局和化解内部斗争。如此来往中，在其他酒企纷纷转型时，董酒未能跟上行业发展潮流，市场由全国急剧萎缩至地方。

尽管政府在其中积极协调，但也难以使董酒走出困境。大家也意识到董酒背后真正的症结是，老国有企业的机制不足以适应市场化。此时，深圳振业集团与董酒的命运产生交汇点。

1997年8月，振业集团与遵义市红花岗区政府签订协议，将以1.32亿元整体收购董酒。可振业集团管理层的更迭，使得董酒正主之位发生变化。2000年，当时的总经理表示，振业集团在支付2700万元的订金后，将以参股的形式合作，持股比例达40%，而非全资控股。其间，振业集团尽己所能推广董酒，但由于产量减少，加之转型而成的低端浓香酒，难以转化为足够的利润用于推广，直到2003年，董酒也未能赢得市场。在市场的打击下，振业集团对董酒也渐失信心，是年宣布停产。①

正是在这样的背景下，董酒又一次进入改制阶段。2003年3月至4月，历经振业集团进驻和火速撤离，兜兜转转后红花岗区政府选择就董酒改制一事继续与振业集团谈判。2004年10月，振业集团再次进驻董酒。

---

① 摘自新浪网的文章《董酒的十年改制路》。

白酒风云录
中国白酒企业史（1949—2024）：
浓香潮来

　　这次，振业集团买下所有股权，启动董酒的生产与经营，决心重振董酒。2005年，董酒新任董事长不仅宣布停产浓香产品，恢复董酒生产，还重新对产品进行设计与定位。其中，"国密工艺"就是董酒第一个复兴信号。终于，董酒市场渐有起色，从省内逐步走向省外。

　　在一切向好的方向发展时，振业集团却出人意料地宣布出让董酒所有股份。如此频频"换帅"，让行业大跌眼镜。2007年4月，北京的易申通投资有限公司成功获得振业集团在董酒的全部股份。此时，董酒已经完全由国有企业转变为民营企业，开启了未来的征程。

　　在董酒改制期间，位于山东的孔府家，率先扛起了鲁酒复兴的大旗，走上改制路途。

　　20世纪90年代的孔府家红遍大江南北，"孔府家酒，叫人想家"的广告词成为一代人的回忆。然而自步入1996年后，孔府家的市场份额急剧萎缩，到2002年时，经营出现严重亏损。"除了'山东省唯一国优粮食白酒'的金字招牌和孔府特有的文化品牌优势，孔府家几乎已成一个空壳了。"[①]这是鲁酒行业专家对当时孔府家的评价。

　　为化亏为盈，重振昔日雄风，孔府家开始积极探索出路。其中，改制成为破局的关键。经过曲阜市积极招商引资，一家以生产保健品与生物制品为主的大型企业集团——深圳万基集团（下称万基），对孔府家产生了强烈的兴趣。尽管诸多颇有实力的大型企业纷纷向孔府家抛出橄榄枝，但在孔府家与政府综合考量后，最终选择了万基。

　　自此，孔府家与万基的联系紧密起来。2003年1月30日，孔府

---

① 田钰佳. 孔府家酒 重生抑或毁灭[J]. 管理与财富, 2008(01): 64-66.

家正式与万基就改制事项签约。5月,万基收购了国有性质的孔府家90%的股权,成为孔府家第一大股东。①

万基在将资本注入孔府家的同时,也为其输送了多名坐镇总经理、财务总监、销售主管等要职高管,为孔府家管理层输送新鲜血液。为实现孔府家的复兴,万基调动一切资源为这场"硬仗"组建了强大兵阵。在产品方面,万基完善老产品,使其价格稳定;新创高档品牌,进行多品牌运作;有重点地结合市场开发产品,允许买断品牌经营。在营销方式上,万基联合国内营销界、广告传媒界各大服务机构,为孔府家的发展建立起"智囊"。②

尽管如此,万基接手孔府家三年后,孔府家的亏损状况并未得到根治,年亏损仍达千万元,而后两者分道扬镳。

国有酒企的改制之路并不平坦,它们大部分与董酒、孔府家一样几经易主。就孔府家而言,万基为孔府家了解市场、摸清市场脉络提供思路,也为其之后的改制提供参考,助力孔府家赢得市场。

牵手外资,探索白酒国际化

2006年9月中旬的一个晚上,全兴集团领导班子离开成都锦江宾馆,结束了和全球最大的洋酒公司之一帝亚吉欧亚太地区负责人的密谈。

自2005年年底,帝亚吉欧就把目光集中到了水井坊上,双方已在半年间进行了多次接触。此次全兴集团与帝亚吉欧深夜密谈,必

---

① 摘自胶东在线的文章《"孔府家"远嫁深圳 90%国有股被万基集团收购》。
② 田钰佳. 孔府家酒 重生抑或毁灭[J]. 管理与财富, 2008(01): 64-66.

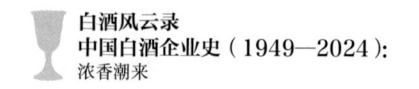

定有大动作。

事实上,这次密谈的结果很快被揭晓。2006年国庆长假后的首个交易日,全兴股份发布了更名为"水井坊股份"的公告。这在行业中引起了轰动。因为根据中国外商投资指导目录,名优白酒产业历来属于限制外商投资产业。全兴股份的举措,很明显是为了绕开国家对外商投资中国产业的限制。如此一来,全兴集团与帝亚吉欧并购谈判的事实,几乎昭然若揭。

关于这场收购,一时之间行业内涌现不少猜测。因为水井坊是上市公司,领导班子并未给出确切的回应。业内形容这场收购,用得最多的词语也是"密谈"。

直到2006年,帝亚吉欧以5.17亿元的价格买走成都盈盛投资持有的全兴集团43%股权后,水井坊牵手外资的消息才真正坐实。成都盈盛投资是全兴集团董事长及高管成立的一家子公司,帝亚吉欧收购盈盛投资所持有的43%股权,便间接持有水井坊16.87%的股份,成为水井坊第二大股东。[①]

水井坊之所以引入帝亚吉欧,是因为想借助它在全球市场的力量,打进国际市场。为此,水井坊还与一家外资企业合作成立公司,落实工作。

水井坊和帝亚吉欧的合作是一次强强联合。并购的完成,结束了白酒产业是中国唯一没有被外资涉足的产业的历史。白酒市场也迎来了巨变。后来连续多年,帝亚吉欧多次加股水井坊,成为持股水井坊的第一大股东。

---

① 孟梅,王力凝.豪掷63亿 帝亚吉欧控股水井坊[N].天府早报,2010-03-02.

就在2006年，帝亚吉欧收购水井坊股份时，成都平原上的文君酒厂，也在积蓄引入外资的能量。文君酒是中国白酒业最具历史文化价值的品牌之一，承载着卓文君与司马相如的历史故事。

2000年，文君酒厂迎来改制之潮。当时，四川龙头企业蓝剑集团出资1.2亿元，全资收购经营不佳的文君酒厂。2001年，蓝剑集团引入剑南春作为战略投资者。剑南春持股62%，成为文君酒厂的控股股东。[1]

2002年，全球奢侈品集团LVMH（路易威登）旗下的酩悦轩尼诗酒业公司开始在中国寻找投资机会。2004年，剑南春被LVMH集团选定为20多家备选酒企之一，与轩尼诗展开密谈。这一谈，就是三年之久。

2007年，LVMH集团历经五年时间的评估与谈判后，最终选定文君酒为下注对象，并与剑南春联手成立合资企业——四川省文君酒厂有限责任公司及四川省文君酒经营有限责任公司。在双方的合资中，剑南春拥有合资企业45%的股份[2]，轩尼诗则因投资近1亿元，占股55%[3]，成为控股股东。

这是外资企业控股中国白酒企业的第一案。从此，文君酒从一个中华老字号，正式成为中外合资品牌。

2007年，在轩尼诗工作了28年的华裔高管叶伟才被任命为文君酒总裁。接手文君酒之前，叶伟才并没有做白酒的经验，只有洋酒的实战经验，当知道自己被调到四川文君酒任总裁一职后，他说：

---

[1] 徐雅玲. 从原酒到名酒要走多久[N]. 成都商报电子报，2018-05-16.
[2] 摘自酒业新闻网的文章《解密剑南春"借壳上市"传闻》。
[3] 摘自每日经济新闻网的文章《LVMH集团控股10年终"分手"文君酒重回剑南春"怀抱"》。

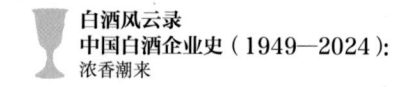

白酒风云录
中国白酒企业史（1949—2024）：
浓香潮来

"我愿意做有挑战的事。"

叶伟才上任之后，第一把火就是沿用东家打造轩尼诗干邑、皇牌香槟等品牌的老套路，对文君酒进行品质及形象的提升，试图将文君酒打造成高端奢侈品牌。

为了树立文君酒的全新形象，背靠全球第一大奢侈品集团，叶伟才大胆决策：砍掉所有的低端产品，并停止所有相关订单的生产，只留下单价在500元以上的文君酒。为此，文君酒厂向合作方支付了大笔赔偿金，甚至连续半年都没有经营收入。

2009年，为了打造一款新的高端文君酒，叶伟才"三顾茅庐"，请来国窖1573、酒鬼酒内参酒等顶级白酒的调制者吴晓萍担任首席调酒师。

此后，文君酒陆续推出主力产品"文君"、零售价达1500元每瓶的高端产品"天弦"与限量版"大师甄选55"。吴晓萍曾称："喝文君酒，你会有四个反应。不知不觉喝多了，不知不觉醉了，不知不觉醒了，不知不觉又喝了。"[1]

文君酒升级的套路，是顺着轩尼诗其他白酒品牌而来的。

一方面，轩尼诗用西方思维塑造东方文君酒，希望在白酒行业分一杯羹；另一方面，中国白酒也希望通过外资探寻走向国际的路。剑南春在选择与轩尼诗合资时，时任副总经理的杨云东曾说："与轩尼诗合资，最看重的是轩尼诗在全球的销售渠道，这会为中国白酒走向国际市场铺路。"

因此从商业的角度看，外资并购白酒企业，更多是一种资源置

---

[1] 摘自欧家锦的文章《背靠全球第一大奢侈品集团LVMH，文君酒"茅台梦"破灭？》。

换。对外资而言，进入中国市场的最佳捷径，就是找一个好的并购企业，毕竟"造船出海不如借船出海"。对于中国白酒而言，以外资为桥梁，将白酒引入国际化道路，也是便捷之选。

帝亚吉欧和轩尼诗这两场外资"染白"，在当年都轰轰烈烈，但是最终结果不同。帝亚吉欧持有水井坊的股份越来越多，到2019年，水井坊公告显示，帝亚吉欧直接和间接持有水井坊2.93亿股股份，占上市公司总股本60%。[①] 而轩尼诗，则在2017年就退出了文君酒，将股权交还剑南春。

不论结果如何，在民营化改制的风潮中，各大酒企都曾积极调整，尝试引入新鲜血液，激发老资产活力。这在白酒江湖的竞争中，就是最有效的武器。

---

① 摘自澎湃新闻《帝亚吉欧还要增持水井坊：斥资不超22亿元，持股上限70%》。

第四章

CHAPTER 4

棋逢对手

第一节
五粮液的进退

"削藩":重塑品牌帝国

2002年12月17日,四川宜宾五粮液集团服务公司在《宜宾日报》第四版发出通告,宣布不再从事酒类生产经营活动,与合作方签订的生产销售许可合同、联营合同、产销协议、委托加工生产协议等予以终止。合作方如再继续生产,则构成侵权,应承担由此而产生的法律责任。①

这条消息一出,激起惊涛骇浪。当天晚上,在五粮液集团的宾馆里,来自五湖四海的经销商们彻夜难眠。他们聚集一处,对这条刊登在《宜宾日报》上的消息反复进行分析,一面解读出不同的含义,一面忐忑地等待着第二天的到来。

第二天,即2002年12月18日,是举行五粮液经销商大会的日子。在五粮液叱咤风云的时期,每年的"12·18"都备受行业关

---

① 摘自姚文祥的文章《五粮液"断臂"终结品牌总经销》。

注。从 1996 年，五粮液在 12 月 18 日举行第一届经销商大会以来，12 月 18 日便成为五粮液一年一度的盛会。媒体甚至将这个五粮液一贯用来总结成绩与规划未来的日子，直接称为"制造新闻震动业界的日子"。

如果只用一个词形容当天的情况，那便是：万众瞩目。因为在 12 月 18 日经销商大会上，五粮液所提出的重要营销策略，直接关系着众多相关经销企业和个人的利益。所以也能将其称为"12·18 盛会"。

果然，五粮液在大会上正式宣布了"五粮液集团服务公司今后不再从事白酒的生产和经营"的消息，直接砍掉四川宜宾五粮液集团服务公司旗下运营的 38 个品牌，挥出品牌帝国"削藩"之策的锋利一剑。这条消息一出，经销商们才确认了头天《宜宾日报》所刊登消息的真正含义，反应强烈。特别是当时被砍掉的系列品牌，比如重庆六百岁龙酒的经销商，更是措手不及。

五粮液之所以会在 2002 年底进行品牌瘦身的大改革，是因为想要重新整编旗下的品牌帝国。

1994 年，五粮液试水成功的 OEM 模式落地生根，其后便助推五粮液在短期内实现放量扩张。1994 年到 2001 年间，五粮液强大的品牌号召力吸引大量零散资本闪电式加盟，很快壮大了其品牌家族的阵营，在全国范围内确立了五粮液独领风骚的地位。2002 年的高峰时期，五粮液发展了多达 100 个品牌。可以说 OEM 模式的拓展，为五粮液的发展，立下了汗马功劳。

但是宝剑有双锋，由于子品牌在短期内爆发，五粮液来不及梳理诸品牌的定位、关系和特点，一些表现平淡无奇的子品牌不但业绩表现不佳，还影响了五粮液母品牌的定位。因此以王国春为首的五粮液高层逐渐认识到，品牌"削藩"，事不宜迟。

子品牌本身的良莠不齐，是五粮液"削藩"的一大原因。除此之外，当年白酒税收新政策带来的冲击波也成为五粮液重塑品牌的一大推力。2002年8月26日，国税发〔2002〕109号文件提出关于"品牌使用费"征税问题[①]。在新的税收政策之下，表现不佳的小品牌便产生更大压力，所以五粮液进行了一场品牌重塑的瘦身行动。

五粮液的品牌重塑行动，不只有罚，还有奖。在整理品牌队列方面，五粮液拥有赏罚分明的清晰策略。在砍掉38个子品牌的同时，五粮液还给金六福、浏阳河、京酒等10个业绩优秀的品牌颁布重奖，并提供资金、生产、销售等方面的扶持。[②]

砍掉小品牌，扶持大品牌，五粮液重塑品牌帝国的态度一目了然。"末位淘汰"是五粮液淘汰子品牌的一种思路。但是，五粮液"削藩"的基本逻辑，并不是巩固母品牌的"王权"，而是为了激励和培育更多的"强藩"。所以其OEM模式"买断经营"的本质并没有改变。在进行"削藩"、砍掉一批子品牌的同时，五粮液也在不断发展新的品牌。

在2002年底，五粮液在进行品牌序列的调整后，整体爆发出了更强劲的能量。到2003年，五粮液实行"1+9+8"[③]的品牌战略，锐意改革，集中资源，力图精简品牌。五粮液的品牌帝国由此得到重塑。不过在精简的同时，五粮液也在拓宽和发展。边减边加，便达到了平衡。

---

① 摘自《国家税务总局关于酒类产品消费税政策问题的通知》。
② 摘自白止的文章《五粮液12.18，"大餐"对"大棒"》。
③ 1+9+8，指"以普五为1个核心，开发9个全国性品牌，8个区域性品牌"的品牌战略。

当然，OEM模式对五粮液崛起的巨大推动是其他方面的因素所无法比拟的，但它也让五粮液的品牌体系产生了一定分裂。五粮液虽进行了及时的修补，对品牌结构作出调整，但没有认识到过于依赖OEM模式所带来的根本影响。最终，"多子多福"成为一种沉重的负担。所谓"成也萧何，败也萧何"，巅峰之后，五粮液发展的后劲渐渐不足。历史之事，从来如此，也概莫如是。

七代水晶盒出世

2003年，第七代五粮液包装终于在五粮液集团的包装车间问世。

第七代五粮液采用了剔透的PET透明包装盒，消费者一眼就能看到盒中大气而优雅的五粮液酒瓶，透明酒盒上则有五粮液商标的题字，简洁而又独具美感。因为整体包装剔透璀璨，第七代五粮液被称为"水晶盒"。

这款新产品的新包装，在正式生产之前，经过了无数次的修改和打磨。改瓶身，改酒标，换材质。反复改到最后，终于改出了五粮液新产品最终形成的模样：整体高贵典雅，如一位君子，卓然而立。

在包装敲定下来后，五粮液立即召集高层开会，部署新品上市计划。

正如五粮液在20世纪90年代所做出的决策一样，五粮液产品更新换代的重要原因之一，是想进行价格调整。产品迭代后，涨价顺理成章。最终，第七代五粮液出厂价定为348元/瓶。这个价格，

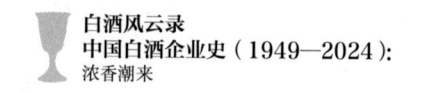

近乎当时五粮液的零售价水平。①

基于对市场的乐观判断和对品牌的价值预估，当时五粮液并没有意识到这样的提价幅度有些太大，提价速度太快了。

自1989年以来，五粮液每一次提价都非常顺利。然而在2003年9月，第七代五粮液初入市场时，却遭遇了意想不到的寒流。因为上市准备时间太短，营销准备不足，虽出厂价提到348元，但终端价并没有同步提升，因此造成了渠道价格的倒挂。②这影响了经销商推广五粮液的积极性。③正如多米诺骨牌倒塌一样，经销商推广五粮液的积极性减弱，便带来了渠道推力不足，进而带来市场开发的阻碍，形成销售通路的堵塞。

五粮液人从没有想过，会有提价失利的一天。然而事实摆在面前，只有尽快解决这个问题，才能稳定五粮液的终端价格。

谁能帮助五粮液解决这个问题呢？从2003年4月起担任五粮液集团有限公司副总经理的朱中玉被历史选中。从担任副总经理一职以来，朱中玉就一直密切关注市场及价格，在市场供销方面已有经验积累。

面临五粮液价格倒挂的难题，朱中玉倍感压力。不过他总结了五粮液的市场表现，重操"控量提价"战术，通过"控制供应量"和"减少经销商内部竞争"两大雷霆手腕，最终使得第七代五粮液的价格倒挂问题得到妥善解决。

第七代"水晶盒"，遭遇了一定的市场阻力，但是在市场平稳

---

① 朱会振. 二次创业结硕果，浓香大王再起航[R]. 重庆：西南证券，2021.
② 指商品的购进价格高于销售价格。
③ 摘自张勇的文章《产前的阵痛——浅析五粮液的涨价风波》。

之后，它成为五粮液高光时刻的最佳见证。2003年，第七代"水晶盒"推出以后，五粮液的市场占有率为11.6%，2004年，其市场占有率上升到12.2%[①]，达到五粮液市场占有率的巅峰。

市场占有率无疑是五粮液实力的最直接证明。从销售额来看，也能体现五粮液在白酒行业的强者地位。2003年，五粮液的整体销售收入达到120亿元，当年全国纳入统计范围的白酒生产企业的销售总收入为545亿元。五粮液的销售收入大约占了整个白酒行业的五分之一，比销售额排在第二位的酒企整整多出了80多亿元。[②]没有人能够否认，2003年前后，五粮液在整个白酒行业中，确实是一枝独秀，遥遥领先。

第七代五粮液自2003年9月推出以来，一直沿用至2019年，通行于市的时间长达16年。第七代"水晶盒"自出世起，就是五粮液辉煌时刻的承载体，如同钻石一般，夺目璀璨。但同样地，伴随着第七代"水晶盒"的出世，过于急切的提价策略，也为五粮液后期走下巅峰，埋下伏笔。

在2003年后，国窖1573、水井坊等其他高端白酒品牌逐步在市场站稳了脚跟。当时，由于销售五粮液的利润有所缩减，部分五粮液经销商开始转而经营其他高端白酒，因而让竞争对手获得了追赶五粮液的机会。除此之外，五粮液在到达巅峰时期后，其他方面的一些问题也开始慢慢凸显，成为未来发展中的隐患。

---

① 黄巍. 看得见的持续增长[R]. 广州：中投证券，2008.
② 汪杜锋. 翘首"12·18"[J]. 糖烟酒周刊，2004(12).

第二节
意想不到的挑战者

茅台跑市场,广开销路

在1998年的行业寒冬中,五粮液牢牢坐稳了白酒龙头的位置。但与此同时,它日后最强劲的对手——茅台,也在那一年开始飞速成长。

1998年5月,南风初起之时,位于赤水河畔的茅台进行了一场人事上的重要调整。已经在茅台扎根30年的季克良正式成为茅台集团的新掌舵人,任职集团公司董事长、党委书记。

成立新的领导班子,是为了解决新的发展问题。1998年,茅台几乎可以说是遇到了其建厂以来"最严峻的时刻"之一。当年,茅台的年度销售任务是2000吨,但到了7月,销量却还不到700吨,只占年度计划的33%。[①]茅台市场遇冷,让年度计划的达成变得岌岌可危。

---

① 陈泽明,龚勇.贵州酒典[M].北京:中国商务出版社,2014.

第四章 棋逢对手

面对危机，茅台和川酒、苏酒、鲁酒、豫酒等白酒企业一样，都在寒冬中思考怎样打开市场。但和一些已经熟悉了市场化竞争的白酒企业不同，茅台在1998年以前，仍然有"皇帝女儿不愁嫁"的"旧思想"包袱，在市场经济中的策略并不明晰。当同为老八大名酒的五粮液通过OEM模式的改造，在白酒行业引领风潮之时，茅台仍受计划经济时期的运作方式和思维模式影响，生产和销售主要还是靠分配、等指标，没能及时与市场深度融合。事实上，在1989年的市场化试水后，茅台的市场探索在很大程度上便进展缓慢。

到了危急时刻，为求生存，茅台的新领导班子开始转变思维，全面接入市场经济，进行市场大开拓。

兵马未动，粮草先行。从"计划"到"市场"的距离，关键还是观念的距离。观念一变，天地即宽。为卸下集团上上下下的思想包袱，以季克良为首的茅台领导班子，对全集团进行了深度的市场经济思维宣传。在1998年的营销队伍动员大会上，茅台的营销队伍齐声唱了三首歌。第一首是国歌，"中华民族到了最危险的时候，每个人被迫着发出最后的吼声"，一如当时的茅台也到了最危险的时候；第二首是《国际歌》，"从来就没有什么救世主，也不靠神仙皇帝，创造人类的幸福，全靠我们自己"，一如茅台当时做出主动出击的选择；第三首是《西游记》的主题歌，"敢问路在何方，路在脚下"，纵然脚下有千难万险，茅台也要探索出一条自救发展的新路。[1]

鼓舞和振奋的精神，在茅台自上而下地传开。"以市场为中心，生产围着销售转，销售围着市场转"的营销新思路，也随之确定。

---

[1] 张小军，马玥，熊玥伽.这就是茅台[M].北京：机械工业出版社，2021.

白酒风云录
中国白酒企业史（1949—2024）：
浓香潮来

思想工作的基础奠定好之后，领导班子随即趁热打铁，在公司范围内公开招聘营销员，从89名竞争者中挑选出17名营销员，并为每名营销员配一名中层干部，组成一支"尖刀连"，迅速深入全国各个市场，关联经销商，组建营销网络。[①]

张旭，就是这支"尖刀连"中的一名成员。张旭最初负责的区域，是茅台酒销售最难的新疆、甘肃、青海片区。这些省份各有特点，一是地方酒实力非常强，二是经济发展较东部沿海地区缓慢，茅台酒销售难。

因此，1998年，张旭到西北区域进行市场调研时发现，面积颇广的几个大省，居然只有一两个茅台酒的经销商点。为了构建营销网络，张旭和其他营销员自己背着合同，挨家挨户地上门找经销商签字。

张旭为做市场开拓，碰了不少壁。他曾邀请大学同学加入茅台经销商团队，但对方见茅台酒行情不好，便不顾同学交情，将他拒之门外。

市场的冷水泼在头顶，营销员并没有放弃，他们隔三差五地钻进领导屋子商量对策。集团上下，也全部以市场开拓为重心。1998年，复印机珍贵而稀少，每一个科室到复印室复印资料，首先要找领导签字。但是跑销售的营销员，因为"军情紧急"，复印资料时可以不用先去找领导签字，直接办复印业务。这个细节，就体现出当时茅台的重心在向市场开拓倾斜。

在全集团的支持和努力之下，和张旭一样的十几名营销员获得

---

① 中国贵州茅台酒厂有限责任公司. 中国贵州茅台酒厂有限责任公司志[M]. 北京：方志出版社，2011.

了首战胜利，在全国主要城市扎下根，建成6个销售片区。随后，茅台又从企业内部招聘了30余名营销员，派往全国6个销售片区。在市场开拓方面，茅台逐渐变被动为主动。

在构建经销网络的同时，茅台还大力调动总经销和特约经销商的积极性，限制低价倾销和出口酒倒流，大力改善营销作风，升级包装质量和服务质量，并采取一系列举措，扭转了市场开拓的不利局面。

1998年8月到12月，茅台酒销量就达到全年销售计划的70%，如期完成了全年2000吨的销售任务，全年销量较1997年增长13%，利润增长7.7%，工业总值增长13.5%，产品合格率增长0.2%，创下历史最高水平。[1]

在市场化开拓顺利，销售形势良好的态势下，茅台还提出在全国2800多个县，330多个地级市，30多个省级市建立茅台酒专卖店的目标，让消费者放心购买茅台酒，维护品牌口碑和形象。[2]

从1998年的市场大开拓开始，茅台的战略、策略都围绕市场而来。1998年，茅台确定多元化战略，向全国白酒看齐，要将集团做大做强。同样在1998年，茅台兼并习酒，购入了一笔于日后发展而言非常重要的资产。也是根据1998年的市场调研，茅台发现当时人们不买茅台酒，是因为茅台酒的味道并不容易被大众接受。当时是浓香酒的天下，所以茅台两相平衡，取其中间值，相继开发了口味更加丰富的茅台王子酒、茅台迎宾酒等系列酒，拓宽了产品线。

茅台的很多变化，都始于1998年。从1998年起，茅台冲进市

---

[1][2] 陈泽明，龚勇.贵州酒典[M].北京：中国商务出版社，2014.

场，开始占得一壁江山，也正式出现在了"浓香舵主"五粮液的视线之中。

铁打的老大，流水的老二？

在1988年白酒市场化之后，白酒江湖论资排辈最重要的标尺，就是酒企营业收入的排名。白酒行业看排名的惯例，从"汾老大"时期就开始了。营收是实力，也是行业的话语权。所以每年白酒企业营收前十的排行榜，被称为白酒行业的"风云榜"。

从"风云榜"的更迭中，能看出中国白酒发展的轨迹。谁在风口？谁在榜首？谁是焦点？全都一目了然。

1997年，中国白酒企业营收前十的是：四川五粮液集团有限公司、四川成都全兴酒厂、安徽种子酒总厂、四川泸州老窖集团有限责任公司、山东秦池酒厂、安徽古井贡酒股份有限公司、山东兰陵企业（集团）有限公司、四川沱牌曲酒股份有限公司、安徽双轮集团高炉酒厂、山东景芝酒业股份有限公司。

在1997年的行业"风云榜"中，并没有茅台的影子。这一年，茅台营收位居全国第十一位，无缘前十。而在1997年之前，茅台离这个榜单的距离更远。

1994年到1996年，白酒"风云榜"几乎全部被以五粮液为首的浓香集团占领。从1997年的榜单中，能很明显地看到浓香风靡天下的态势。十家上榜企业，除了景芝酒，九家都是浓香型白酒企业。到后来的21世纪初，浓香型白酒也一直是榜上的大户。

在浓香称王的市场中，作为酱香酒的茅台要杀入行业瞩目的

"风云榜",犹如孤军奋战。茅台虽然是享有盛誉的老名酒,但是在行业市场化最初的几年中,其营收排名一直比较靠后,处于十名开外。

在酒业大王五粮液的眼中,排名靠后的茅台似乎难以构成威胁。但是在1998年,茅台通过市场大开拓,成功跻身行业"风云榜",位列第十名。

虽然只是刚刚摸到营收前十的门槛,但是这时的茅台,已经和五粮液处于同一个榜单中。在今天看来,这是一种无形的信号,茅台正在追赶五粮液。

从十名之外,上升到十名之内,茅台成为五粮液其后多年的对手。但就是这样一个在市场化进程中慢了半拍的选手,在1998年紧急拓展渠道后,便在次年的"风云榜"中迅速攀升至第五名,到2000年,直接升至五粮液之后,位居第二。

在飞速上升过程中,茅台付出了很多努力,市场大开拓只是其一。内部管理、组织变革上,茅台同样进行了大刀阔斧的调整。1999年,茅台改革劳动人事制度,取消计划经济时期干部与工人的称谓,全员统称为员工,从制度上适应市场化转变。人事管理上,茅台破除此前固如铁桶、一人一职的制度,将管理人员分为初级、中级、高级三个梯队,并对中级管理人员实行一年一聘,年底5%的"末位淘汰"机制,使得干部能上能下。[1]

除了人事变动,茅台还开始紧抓之前重视不足的市场营销活动。茅台领导班子时常开会讨论怎么进行市场开拓,如何促进茅台

---

[1] 陈泽明,龚勇.贵州酒典[M].北京:中国商务出版社,2014.

酒的营销。1999年的正月，茅台营销人员便狠抓春节旺季，在全国十大城市进行促销活动，当月即销售400多吨茅台酒，创下历史新高。[①]当时的昆明世界园艺博览会、北京世界邮展会、国庆50周年、澳门回归等重大事件中，都出现了茅台酒营销、宣传、促销的身影。此外，茅台还在电视台、户外场景上大做广告宣传，积极拥抱市场化。

经过多管齐下，茅台释放出强大的势能。2000年，茅台超越全兴酒厂，以13.08亿元的销售收入，上升到行业"风云榜"第二的位置。2001年，茅台蝉联行业第二，销售收入17.89亿元。

茅台的成长和潜力在行业中有目共睹。但是当时，和酒王五粮液比起来，茅台的表现似乎不足为虑。茅台整体营收业绩，难望五粮液之项背。2000年，五粮液销售收入达到了67.97亿元，是茅台的五倍多。2001年，五粮液又以大幅超过茅台销售额的雄姿稳居榜首，销售额达到81.89亿元。[②]

一直以来，五粮液就与老二的差距拉得很大。白酒"风云榜"的排名虽然风云变幻，但是自1994年后，五粮液一直雄踞榜首；而第二的位置，则几经更换，从汾酒，到泸州老窖，再到全兴酒厂，像走马灯一般轮转。五粮液坐镇江山，王座之下烽烟四起。

"铁打的老大，流水的老二"说的就是那段时间白酒"风云榜"的更迭。因此，当茅台当上"老二"的时候，外界认为它会和其他企业一样，只能占榜眼之位一两年。

当时浓香风靡，很多人认为江山已定，五粮液之下，再无王

---

① 陈泽明，龚勇. 贵州酒典[M]. 北京：中国商务出版社，2014.
② 佚名. 1998～2001年中国白酒销售额20强企业[J]. 酿酒科技，2002(03)：46.

者。但也有另一部分怀有雄心壮志的人在想，茅台的实力，远不止于此。

古语中有讲："为虺弗摧，为蛇若何"。意思是对手还像蚯蚓一样时，如果不引起足够的重视，那么等蚯蚓成蛇之时，便无可奈何了。

茅台对五粮液的追赶，便是这句古语最好的注解。其实在1994年，五粮液从汾酒手中接过权杖时，也经过了漫长的能量蓄力期。从默默无闻到一跃登上行业顶峰，五粮液走了近十年的时间。"士别三日当刮目相待"这句话，适合于任何时代。

每个酒企都有自己的发展力度和节奏。在白酒市场化中率先行动的五粮液没有想到，正是从2001年茅台追至行业营收排行第二位时起，这个对手，将会在它主宰的白酒江湖掀起一场风云。

锋芒渐露

"国酒不能搞终身制！"

2002年，五粮液在喊出这句话的时候，看到了茅台渐露的锋芒。

自1998年扩大对外宣传以来，茅台一直将"国酒"作为前缀，让"国酒茅台"的品牌形象逐渐深入人心。2003年开始，茅台在央视《新闻联播》之前投放"国酒茅台，为您报时"的广告，使其"国酒"之名家喻户晓，耳熟能详。

"国酒"两个字的分量显而易见。获得国酒之称，相当于在茅台和其他白酒之间划出了一道泾渭分明的品牌价值区隔带。

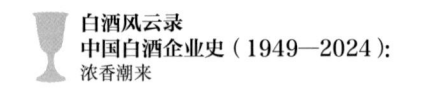

茅台得名国酒，渊源颇长。1935年，红军在长征途中，发生了著名的四渡赤水战役。四渡赤水中，第三次飞渡就是在茅台渡口完成的。当时，部队驻扎在茅台渡口附近，因为缺医少药，许多战士都用茅台酒擦洗腿脚疗伤，消炎止痛。

这样的情结让老一辈革命家对茅台怀有感情。正因如此，茅台酒频繁出现在重大外交场合乃至国宴之中。1975年，在全国食品工业会议上，时任国务院副总理王震在会议中讲道："茅台酒是国酒。"①

计划经济时期，茅台因国酒之名，一瓶难求。1998年后，随着茅台的市场开拓，茅台酒国酒的品牌形象迅速在消费群体中传播开来，引起了五粮液的注意。

1999年，借时任国家领导人到五粮液酒厂视察的机会，五粮液也开始通过媒体报道"国酒五粮液"的新闻，有与"国酒茅台"争锋的态势。1999年，五粮液出现在新中国成立50周年庆典的宴席上，成为名副其实的国宴用酒。五粮液接连操刀，透露出对茅台崛起的忌惮。

2001年，茅台启动注册"国酒"商标，彻底拉响了五粮液的警报。这几乎称得上对五粮液行业领导地位的公开挑战。彼时的茅台，已显露出挑战行业龙头之心。

2002年，茅台对产品结构进行了调整和梳理，先后改进15年、30年、50年陈年茅台酒的包装，并开发礼盒茅台酒，升级茅台王子酒、茅台迎宾酒。当年，新开发产品的销售收入一举超过6000万

---

① 陈泽明，龚勇. 贵州酒典[M]. 北京：中国商务出版社，2014.

元。①2003年，茅台酒产量突破1万吨。产能的强劲释放，增加了茅台的"夺魁"竞争力。

在调整产品和产能增长之外，茅台还花大力气做了一件事——打假。假酒流窜市场，是中国名酒的共同伤痛，茅台更是深受其害。白酒市场化后，假冒伪劣的茅台酒开始出现。如果消费者接连买到假酒，以后就不会再选择茅台了。这一问题成为茅台的市场隐忧，会对品牌产生不利影响。

为了保卫市场和品牌，2002年，茅台在全国范围内展开打假维权活动，堵源截流，仅当年就查获假茅台酒44598瓶、侵权酒6341瓶，办理刑事案件15起，打击犯罪嫌疑人48人，②使得制销假冒茅台酒及侵权行为得到有效遏制，市场因此更加规范有序。

茅台在产品、产能、打假等多个方面发力，增强了与五粮液竞争的实力。

2004年，茅台开始在广东试行总经销制，成立深圳市茅台贸易有限公司总管茅台在广州的销售工作，代替以往多家、多级经销商共存的模式。茅台与五粮液的经销网络各具特色，各有所长，各有所短。20世纪初，总经销制是酒业主流渠道模式。

在2004年初，决定在广东市场试行总经销制后，茅台的时任领导便亲自分管广东市场，致力于将其做大做强，创造辉煌。由此，广东市场成为整个公司目标市场的重中之重。

广东经济发达，市场开放程度高，是酒水的消费大省。因此茅台紧紧盯住珠江三角洲区域。1998年12月28日，茅台在珠海开设

---

①② 中国贵州茅台酒厂有限责任公司. 中国贵州茅台酒厂有限责任公司志[M]. 北京：方志出版社，2011.

广东地区的第一家专卖店，之后便陆续搭建销售渠道。但是经过几年的努力，茅台在广东的销量并不理想。深圳茅台商贸有限公司总经理谢正怀在深度调研广东市场后，发现了两个主要原因。一是茅台酒在广东的销售渠道太乱。广东地处沿海，进出口贸易发达，所以在广东只要有卖茅台酒的商超、酒楼、酒店，就有出口回流的酒摆卖，扰乱渠道和市场。二是经销商素质参差不齐，部分经销商只做批发而忽略零售市场，甚至跨区域低价窜货，损害茅台树立的"国酒"品牌形象。①

为解决以上问题，由茅台领导班子亲自坐镇，谢正怀亲自执行，针对广东市场开始了一场深度的营销体制改革。

为了解决跨地区窜货问题，茅台专程给在广东地区销售的茅台酒贴上总经销专用标，为酒瓶配备专属"身份证"。与"身份证"配套的是，建立广东数据库，把广东地区每一瓶茅台酒的内部编码和有关资料全部输入电脑，这样可以追溯每一瓶茅台酒的来源和去向，既能防止产品乱窜，也能最大限度地保障消费者利益。

在用"身份证"进行渠道管理的同时，茅台还留有后手，即加大专卖店的建设力度。从1998年到2004年，茅台在广州、深圳、汕头、湛江、珠海等城市开设近20家专卖店。②2004年起，茅台选择向广东的经济强县开拓，加大专卖店建设力度，稳固了在广东市场的地位。茅台博弈广东市场的种种招式，足以显示茅台对于市场和渠道建设的决心和意志。

到2004年，茅台已经成为五粮液不容忽视的对手。不管在市场价格上，还是年度营收上，茅台都表现不俗。茅台与五粮液，这两

---

①② 摘自黄佑成的文章《茅台"三变"博弈广东市场》。

个当年在名酒评比大赛中暗自比拼的老对手,在市场化的进度条拉到21世纪初时,再次展开较量。

  自20世纪90年代汾酒与行业舵主之位失之交臂后,五粮液便后来居上,以超前的经销模式和品牌战略登上酒王宝座。在此后相当长的一段时间内,五粮液在中国白酒行业中都是当之无愧的龙头企业。到2004年,经过多年的积累,五粮液迎来自身的黄金时代,但也暴露出一些隐患。这个时期,五粮液虽然稳立王座,依旧辉煌,但是面对步步紧逼的茅台,只能眼看着两者的差距越来越小。五粮液在多个方面的疏漏,为茅台提供了赶超的机会,双方竞争的态势越来越激烈。

第三节
大发展的后遗症

产品阵营成了迷魂阵

1994年起，五粮液利用OEM模式，集中运作了大量的中低档白酒品牌，成功将额外的产能消耗掉了。然而五粮液过度使用OEM模式，无限制地授权贴牌产生了反作用，同质化的子品牌互相争夺市场，不仅没有优化产品结构，反而不断稀释着五粮液主体品牌价值。最终，消费者的品牌区分度降低，五粮液因OEM模式导致的问题层出不穷。

2009年1月，正值春节期间，家家户户张灯结彩，喜气洋洋。南京一家公司的职员薛太平，在闲暇之余，看到一则电视广告。

广告中，两位老年人正在一起品酒，并相继做出"入口柔，一线喉""党参、鹿茸""五种粮食，六味补品，好喝又大补"等评价。广告结尾，旁白出现：送长辈，黄金酒。最后出现的标识是

"宜宾五粮液集团保健酒有限责任公司"。

自从春节假期开始后,薛太平已经数次在电视上看到了黄金酒的广告,那句"送长辈,黄金酒"的广告词已经深入于心。想到再过几天就要去岳父家中拜访,薛太平到大型超市购买了一套黄金酒礼盒,作为赠礼。

然而礼盒还未送出去,薛太平与一位朋友聊天时说起五粮液新出的黄金酒时,却被告知这种酒只是五粮液生产的贴牌酒,根本不属于五粮液品牌,也不是五粮液旗下子品牌。薛太平颇为迷惑,辩解道自己在广告中明明看见了该酒有五粮液的标识。那位朋友提醒他,五粮液的品牌类别比较混乱,要想区分酒的品牌归属,最好依据实物产品。

薛太平依言行事,回家后拆开了整套的黄金酒礼盒,果然发现在外包装盒的"黄金酒"三个大字下面,还有"黄金牌万圣酒"几个小字,而在整体包装的最下面,"宜宾五粮液集团保健酒有限责任公司"跃然而上。

薛太平又通过查询资料发现,黄金牌万圣酒与五粮液品牌毫无关系,该酒属于上海黄金搭档生物科技有限公司和无锡健特药业有限公司,前者属于著名企业家史玉柱的巨人集团,而宜宾五粮液集团保健酒有限责任公司只是黄金酒的制造商。

这个发现让薛太平意外,他出于送礼目的购买黄金酒,看重的正是五粮液的品牌价值,但黄金酒却不是五粮液旗下品牌。

实际上,黄金酒是五粮液OEM模式下的典型产物,五粮液只负责黄酒金的生产,合作企业依托五粮液的品牌效应,进行市场营销。早在2007年,五粮液就已经与巨人集团旗下的上海黄金搭档生

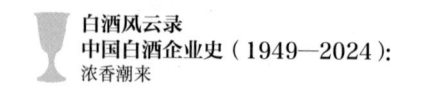

物科技有限公司达成合作事宜，准备为其生产一款保健酒，以满足巨人集团对第三个主力品种的需求。

黄金酒的战略以打造保健酒行业领先地位为核心。2008年1月，五粮液在与巨人集团正式签约后，决定统合双方的资金、品牌、技术、营销、市场等多方面资源。10月28日，黄金酒在北京宣告上市，五粮液与巨人集团签署了一份长达30年的战略合作协议，即五粮液负责产品生产和研发，巨人集团完成销售策划及市场营销[①]。

五粮液与巨人集团的"联姻"是成功的OEM案例，五粮液拥有强大的品牌优势，而巨人集团拥有熟稔的营销手段，强强联合之下，黄金酒一进入市场就引起轰动。

2008年年底，铺天盖地的广告陆续投入各大电视媒体，黄金酒借由五粮液品牌背书，通过巨人集团高超的营销手段，一跃成为春节档酒类热门产品。黄金酒虽然定位为保健酒，但产品走的是礼品路线，正如广告投放中的营销口号"送长辈，黄金酒"。这极易在春节期间吸引消费者眼球。

薛太平就是受其影响的消费者之一，他本身具备送礼需求，在五粮液品牌的加持下，黄金酒自然大受欢迎。薛太平发现产品的品牌价值存在出入后，以黄金酒涉嫌"违规宣传""欺诈消费者"为由，将经销商一纸诉状告上法庭。[②]但薛太平的诉讼很快被驳回，因为黄金酒的商标、外包装、包装标识均无问题，都通过了相关部门的审核。

薛太平的诉讼虽未站住脚，却传达出部分消费者的心声。黄金

---

① 蔡雨坤,曹芳华.黄金酒：五粮液"遭遇"史玉柱[J].广告大观（综合版）,2009(01): 67-68.
② 摘自每日经济新闻《五粮液保健酒牵手史玉柱　商家称无广告不值此价》。

酒受OEM模式的影响，天生裹挟着一种朦胧的品牌归属感。在广告营销中五粮液元素的出现无可厚非，因为五粮液是产品的制造商，但这块金字招牌用得太多，不免会引发消费者的抵触。而且委托生产的贴牌酒与五粮液品牌本身就存在一种疏离，强行融合只会让五粮液旗下的产品阵营更乱。

蜀粮醇、五粮迎宾酒、五粮PTVIP、五粮金樽、五粮精酿、五星五粮液、五粮液论江山、百鸟朝凤、纳福、酿神、五粮头曲、红福、五湖液、王酒、圣酒、六圣酒、梅兰竹菊、春夏秋冬、福禄寿禧、富贵吉祥、富贵天下……五粮液的贴牌产品发展到后面，愈发成为一个迷魂阵。随着五粮液品牌价值的稀释，越来越多的消费者分不清五粮液旗下的各产品阵营：哪款酒是嫡系产品，哪款酒是小酒厂贴牌的产物，哪款酒是联合推出的新产品。OEM模式混淆了五粮液的产品类别，即使不断瘦身、不断减负，复杂的产品体系仍然让消费者犹豫不决、无从下手。

金六福：经销商"离心"之患

1998年底，金六福一经面世，便迅速走红，销售额超过当时五粮液旗下所有的OEM品牌。1999年，金六福被授予"跨世纪中国著名白酒品牌"称号。2000年，金六福销售额达到10亿元，成为当时中国白酒行业中响当当的OEM品牌。2001年，长沙海达在业界闯下"中国第一卖酒商"的名头。

金六福在混战的白酒江湖捷报频频，几乎创下了年轻品牌"三年连跳"的历史。从默默无闻到跻身酒业新贵，金六福的成功离不开五粮液的品牌助力。

创始人吴向东对此也有着清晰的认知，金六福的突围，建立在五粮液品牌的基础上。营销团队甚至不需要宣传质量，产品包装上的五粮液标识本身就是质量的代名词。

短短两三年内，金六福就成为五粮液OEM模式下的黑马，并在市场站稳脚跟，这是连五粮液自己都未曾预料到的事情。

年轻白酒品牌的速兴速亡，在历史上是有前车之鉴的。金六福诞生之时，秦池才刚刚倒下一年，所以吴向东对于"广告营销轰炸"这个词有着清晰的认识。他对它既有所倚重，又保持着距离。

市场化时代，广告手段当然少不了。"酒好还得勤吆喝"，吴向东带领团队把吆喝的哲学，利用到了极致。但金六福没有像秦池那样昙花一现，而是在市场开拓过程中利用五粮液的品牌能量，在风狂雨急中站稳了脚跟。金六福的成功，成为五粮液OEM模式的最佳代表。

品牌扩张战略虽然为五粮液带来巨大的推力，但同时也暗藏挑战。2002年之后，经销商尾大不掉之势已初现端倪。随着OEM品牌逐渐扩张，五粮液自主品牌的市场占有率开始受到影响。

从营销投入与产出的关联对比中可以看出，五粮液很大一部分的品牌投入都转嫁给了OEM品牌。五粮液增加1元营销成本，所带动的产出增长为2.08元，而茅台为9.26元，泸州老窖为6.21元，山西汾酒为5.45元。[①] 相比之下，五粮液的营销与产出比较低，其品牌价值被子品牌稀释，而所获回报的大部分是生产报酬。

2003年，五粮液在进行品牌瘦身、实行"1+9+8"品牌战略

[①] 摘自《第一财经日报》的文章《酒不醉人人自醉：五粮液的OEM隐患》。

时，金六福的发展规模愈显庞大。金六福与五粮液旗下另一品牌浏阳河一起，几乎占据了五粮液总销量的五分之一。随着金六福品牌价值越来越高，五粮液所负担的无形资产也随之增加。致力于统合资源、降低成本的五粮液开始尝试减少金六福带来的影响。

2002年，五粮液决定改变金六福的包装。OEM模式下，由于长沙海达不负责生产酒，所以生产包装都在宜宾五粮液酒厂完成。此次更改包装并未通知经销商，完全由五粮液单方面决定。五粮液的此次生产变动致使金六福的销售收入至少缩减了5000万元。①

这项尝试让吴向东一方察觉到了风险。作为品牌经销商，长沙海达的原始股东是新华联集团，旗下最知名、最独特的产品就是金六福，以吴向东为代表的管理团队更是对金六福寄予厚望。五粮液的制约举动让长沙海达看清了自身的局限性。

为了保障品牌的酒业资源，吴向东团队正式开辟了一条令人瞠目结舌的并购之路。在此之前，金六福就已经收购了云南香格里拉酒业股份有限公司55.97%的股份。在五粮液单方面更换包装后，金六福将目光放在了酒厂上。2003年7月，为减少对五粮液造成的影响，金六福收购了湖南邵阳市酒厂。

2004年，长沙海达进一步完成股权变更，过半数的股权由新华联集团转让给四川汉龙集团，但吴向东团队结构未受冲击，仍负责金六福的营销、管理。同年1月，金六福收购安徽中华玉泉酒厂，进一步壮大了自己。2005年，金六福收购了中华中恒华醇酒厂，长沙海达更名为四川金六福酒业有限公司。②

2006年3月，金六福酒业及相关企业相继合并，成立了华泽集

---

①② 李鲁辉. 金六福：资本酿酒[J]. 新理财，2009(11)：45-46.

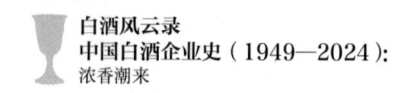

团。新生的华泽集团并未停歇，又出手收购了新华联国际过半的股份，并更名为香港金六福投资有限公司。同年，金六福收购了荆河酒业、衡阳回雁峰酒厂。

在一系列并购之后，2006年到2009年，金六福又将黑龙江羽泉酒业、广西全州湘山酒厂、江西李渡酒业、吉林榆树钱酒业、陕西太白酒业、贵州珍酒厂等一一收入麾下。2009年10月，吴向东从其余股东手中收购了25%的股权，总持股达到60%，稳坐华泽集团话事人之位。[1]

从1998年的经销公司，到2009年的华泽集团，金六福酒业旗下的酒厂横跨大江南北，其覆盖率已经不少于五粮液所掌控的酒厂。五粮液不得不面对的一个问题是，金六福已经完成了从一个经销商到制酒商的转变。吴向东更是以金六福为跳板，将华泽集团打造成一个集酒业、投资为一体的"实业+投资"综合性企业。随着吴向东收购行动的不断开展，五粮液与金六福之间的资源共享逐渐演变为资源外溢，成为一大外患。

这种子品牌借助母品牌迅速成长，并对母品牌产生威胁的例子在众多OEM品牌中并不少见，五粮醇、五粮春、浏阳河等品牌对于五粮液而言，都是强大的潜在对手。在五粮液的羽翼下，不少经销商开始尝试接触其他酒厂，扩大供应链。OEM模式大发展所留下的隐患一时间暴露无遗。

OEM模式和大商制曾为五粮液注入了强劲的动力。2002年，在中国白酒行业度过寒冬复苏回暖时，五粮液一马当先，凭借强大的市场统筹能力先下一城，引领了酒业的黄金时代。

---

[1] 李鲁辉. 金六福：资本酿酒[J]. 新理财, 2009(11): 45-46.

但五粮液对市场的把控存在问题，为挑战者提供了超车机会，过去的高速发展同样不可避免地留下后遗症，为其日后的发展埋下后患。企业的发展始终与市场相关联，当五粮液隐患暗埋时，茅台步步为营，始终紧跟五粮液的发展步伐，在学习中进步，在进步中赶超，不放弃任何机会。同样地，五粮液在步步紧逼的行业态势中，也不遗余力地保持进步，希望拉开距离。双方你追我赶，一场拉锯之战就此展开。

第四节
"五茅"竞跑：一场拉锯战

价格追逐赛

茅台与五粮液的竞赛，最显而易见处在于价格的追逐。

从2003年开始，茅台和五粮液拉开了价格赛博弈的序幕。彼时，白酒行业受到新税制的影响，酒企选择从内部提升竞争力，因而提价成为减少税赋、赢得品牌竞争力的直接方式。在白酒行业结构调整的背景下，众多高端白酒入局，茅台和五粮液作为行业头部品牌，更是竞争激烈，下场展开肉搏。

在行业寒冬期，五粮液逆势成长，获得不俗的品牌效应与市场基础。借由行业复苏的机会，五粮液在2003年7月开始启动调价策略。但是，五粮液提价的主要目的并非单纯获取利润。诚然，粮食、包装、人工等成本日益增加，提价可以缓解综合成本的压力；但是，对于五粮液而言，调价策略的根本目的在于稳固酒王之位。而价格，是一个产品体现其品牌价值最直接的方式。

2003年年底，第七代五粮液推出，52度五粮液的市场价格攀升明显，经过三度调整，其批发价涨到360元左右，终端零售价各地不同，整体处于420～460元。[①]在五粮液看来，高端白酒的争夺战已经打响，涨价作为一种营销策略，不仅有利于提高整体利润，同样有助于固化高端品牌的良好形象。

紧随其后的茅台不甘示弱，茅台在按兵不动一段时间后，正式入场。2003年10月，茅台酒出厂价为268元，较2002年218元的出厂价增长50元，涨幅约23%，零售价格在328元左右，[②]紧跟五粮液。当时，茅台深入分析了当时的市场供需关系，发现高端白酒的需求水涨船高。当时的供给已经无法满足市场需求，而适当提价可以解决供需不平衡的问题。更为关键的是，茅台同样需要用提价来凸显自身的品牌价值，以此占据高端市场。

由此，茅台与五粮液之间的价格追逐赛正式打响。

五粮液和茅台引领了当时的高端白酒市场，剑南春、泸州老窖等名酒企业为了角逐高端市场，也对旗下的畅销产品进行了不同程度的提价。

但五粮液因提价幅度过大引起了市场反弹，繁杂的经销网络遭受不了提价带来的冲击，最终导致价格倒挂。此后，五粮液的价格逐年增高，在销售旺季，均有不同程度的增长，但相较于2003年的提价来说，稍有放缓。

直到2006年，五粮液才大举进入新一轮涨价周期，分别针对高档产品、中低档产品，以及主体产品，在半年内进行了三次提价。

---

① 摘自郭乃漩的文章《五粮液提价，白酒分档规则如何改写？》。
② 黄巍.看得见的持续增长[R].广州：中投证券，2008.

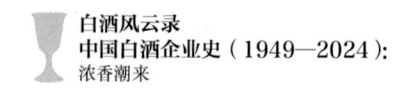

白酒风云录
中国白酒企业史（1949—2024）：
浓香潮来

与之竞跑的茅台，利用提价来提升品牌价值的方式则更有规律性。茅台吸取了五粮液过度提价的教训，在价格战中以更加平缓的方式完成了提价，并且实现了提高品牌价值的目标。

2003年可以看作茅台提价发力的第一阶段。此后两年内，五粮液没有大幅提价，茅台也按兵不动，主打产品53度飞天茅台酒始终维持着268元的出厂价，零售价格也保持在320元至350元之间。2005年，茅台净利润首次超过五粮液，这成为两者竞价PK的转折点。

时间来到2006年，休养生息后的五粮液，对产品进行了三轮提价，引发行业涨价的热潮。茅台紧随其后，将茅台酒出厂价上调至308元，涨幅15%，[①]死咬住五粮液价格。

价格上差距越小，两者的竞争就越激烈。

五粮液感受到了茅台带来的巨大威胁。此时的茅台，也确实成为能够动摇五粮液行业龙头地位的对手。

2007年1月上旬，湖南市场上53度新飞天茅台酒的零售价，从328元每瓶上涨至458元每瓶。这次涨价，并不是茅台主动为之，而是市场上产品供不应求导致的结果。市场的微小变化，在行业中散发出微妙的信号。[②]

2008年，茅台见市场时机成熟，主动将出厂价增加22%，以每瓶439元（超过五粮液1元）的出厂价，取得价格竞赛的首次胜利。[③]

正是在这次1元之差的反超后，五粮液没能再夺回行业定价权。此后数年，行业的提价风潮，皆由茅台引领。所以说，2008年

[①] 黄巍.看得见的持续增长[R].广州：中投证券，2008.
[②] 张小军，马玥，熊玥伽.这就是茅台[M].北京：机械工业出版社，2021.
[③] 陈雯.行稳致远，工匠精神打造液体金字塔[R].广州：万联证券，2020.

的价格反超，正式代表着由五粮液所主导的提价船舵，转移到了茅台手中。

提价是一把双刃剑，需要考虑市场供需、消费者偏好、产品价格、营销渠道等多种因素。而价格作为交易过程中最敏感的关键点，时刻影响着买方和卖方的行为。

在这场价格拉锯战中，无论出现失误的五粮液，还是稳步前进的茅台，它们都将品牌塑造看作现代白酒企业发展的必由之路。经过角逐，两者都在迅速成长，实现了高端白酒品牌价值的快速跃升。

在精彩的价格追逐赛中，五粮液和茅台的表现同样精彩。不仅是价格竞争，还有渠道、市场等方面的竞争，两者都极具远见地识别危机，积攒底蕴，为最后的决战招兵买马、磨枪砺剑。

渠道大较量

2011年年初，贵州省仁怀市茅台镇，陆续驶入了十几辆货车。成都春熙路一家泰国餐厅的老板蒋先生坐在最后的越野吉普车上，随着车流驶入了茅台酒厂。春节临近，作为高档餐厅的老板，蒋先生旗下的餐厅对高端酒的需求很大，所以他专程到茅台酒厂团购茅台酒。

21世纪的头10年，蒋先生只是众多茅台酒的拥趸者之一，和他一样，亲自到酒厂团购提货的经营者很多。

这就是茅台所开创的独特的团购模式。这是一种不同于五粮液大商制的销售模式，渠道更加扁平化，而且依赖意见领袖。

茅台团购模式的创新受到了口子窖盘中盘模式的启发。2000年前后，在了解到口子窖盘中盘模式的创新后，茅台根据企业自身的实际情况，进行企事业单位客户的开拓，开发独特的团购模式，加强营销能力。

经过几年的钻研和尝试，茅台发现，找到自身品牌的终端客户是团购模式成功的核心。因历史深厚，茅台具备天然的优势。在瞄准目标客户后，茅台通过赠酒与推荐等方式，成功打开渠道。借由经年累月的消费者培育模式，茅台获得了一批核心消费者。随着团购模式层层蔓延，覆盖范围越来越广，茅台迎来了团购的机遇。[①]

在渠道开拓和维护方面，茅台展现出惊人的韧性，其推广方式质量高、精准度高。在多种方式下，团购业务迅速崛起，成为21世纪初茅台酒市场扩大的主要推动力。

2008年，茅台的军政渠道销量占比约30%，企业集团团购占比约20%。[②] 数据说明，经过数年的耕耘，团购为茅台贡献了近一半的销量。茅台也因此焕发出不同寻常的活力，当其他酒企需要主动拉拢餐饮渠道商时，餐饮渠道商却开始自发找茅台购酒。

随着团购模式能量的释放，茅台酒的出厂价也逐年上涨，在2010年达到563元左右。此时，茅台酒的市场销售价格已破千元。在2011年，茅台酒出厂价为619元，年底零售价甚至上升至2000元。即使茅台发布"限价令"，也未能降低茅台酒价格的增幅。

一方面，茅台团购模式大获成功；另一方面，五粮液的大商制却频频迎来挑战。从2004年后，五粮液的市场占有率便逐年下降。

五粮液受此影响，也开始了渠道转型之路。2007年，五粮液

[①②] 黄佑成. 茅台为什么能把团购模式变成巨大推力？[J]. 糖烟酒周刊，2008.

专程设立团购事业部，向更加扁平、稳定的团购模式发力。与国防大学等单位建立的联系，也成为其进军企事业单位团购业务的突破口。2007年五粮液团购收入突破5亿元，占比7%。[1]到2008年，团购收入占比便达到15%，成为五粮液增长的重要一极。[2]

随着茅台与五粮液参与的渠道较量愈演愈烈，越来越多的主体加入其中。郎酒甚至尝试采用全渠道团购模式，开展品鉴会、赠酒会等多种活动来培养核心消费者，扩大市场。

在白酒行业黄金十年的最后几年，团购逐渐成为酒商的主要销售渠道。可以说，商务用酒、政务用酒等采用的团购方式，为白酒行业打开了新的大门。团购的核心是营销，它迫使各大酒企反思自己的营销策略，寻找新的营销方式。茅台敢为第一个吃螃蟹的人，走在了营销创新前列，赢得了与五粮液博弈的最佳资本。

营收胶着：超越与反超越

中国白酒企业中从不缺少后来居上者，在快速演变的行业进程中，这些酒企起于微末，在增长到一定体量时，却很难挑战五粮液、茅台这两座高山。长期以来，这两家企业始终以大幅超越同行的规模和体量保持着领先地位。

五粮液和茅台在相当长的一段时间内分庭而治，前者占据酒王宝座，引领浓香风潮，后者肩负国酒之名，弘扬酱香典范。从某种程度上来说，五粮液和茅台无论在品牌塑造、市场选择，还是在

---

[1] 摘自《五粮液的渠道变革历程》。
[2] 陈青青，李依琳.贵州茅台研究报告：渠道变革史回顾暨未来直销发展贡献展望[R].广东：国信证券，2022.

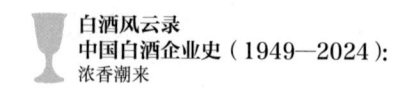

价格策略、渠道规划等方面都没有重合的打法，而是各有创新之道。

然而，随着2008年五粮液的营收被茅台首次超越，双方展开了一场持续性的拉锯战。两家头部酒企在互相攻守的同时，又互相砥砺。

2008年是让五粮液记忆深刻的一年，自从坐稳行业龙头的地位后，五粮液的营收一直是行业第一。即使茅台在2005年以11亿元的净利润超越了五粮液当时7.9亿元的净利润，也只能说明茅台的盈利能力略胜一筹。

直到2008年，茅台以82.42亿元的营收超越五粮液79.33亿元的营收后，彼时的酒王五粮液才真正意识到，两者之间的差距已经被逐渐追平，自己甚至已被反超。茅台成为五粮液的劲敌。

酒王五粮液营收被茅台超越，居于行业第二。这件事在整个白酒行业掀起了轩然大波，更让五粮液警铃大作。五粮液与茅台的赛跑，到底会鹿死谁手？舆论不禁猜测纷纷。一时之间，拜茅台"山头"者甚多。

在巨大的压力之下，五粮液奋起直追，要夺回营收宝座。为重回顶峰，五粮液实施了一系列整治措施。企业内部存在已久的关联交易问题，成为第一个被开刀的对象。

2008年，五粮液营收被茅台超越时，关联交易问题已经得到了五粮液的高度关注。2008年2月，五粮液开始初步"去关联化"，董事会宣布，集团将对所有酒类子公司和旗下酒类产业进行资产梳理，在三年内，对关联度较高的酒类资产统一收购，整合纳入五粮液股份有限公司。

第四章 棋逢对手

2009年2月，五粮液再次发布"去关联化"公告，以38亿元现金溢价购买集团所属5家公司的全部股权，到当年3月，便完成38亿元的关联交易资产清理。[①]收购，成为五粮液解决集团与上市公司之间关联交易问题的核心。

同年7月，五粮液完成了对五粮液进出口公司的资产清理。五粮液与集团公司以8∶2的股权比例，合资设立了五粮液酒类销售有限责任公司，正式掌管后端销售。

三个明显的清理关联交易的节点，宣告五粮液正式摆脱了困扰上市公司十年之久的痼疾。对五粮液上市公司而言，"收购"补全了白酒上市公司的完整企业架构；对集团而言，降低关联交易的影响意味着五粮液卸下了沉重的历史包袱，可以轻装前行，直面与茅台的竞跑。这些举措为这场拉锯战做好了充足的准备。

在2009年之前，茅台和五粮液之间的交手以市场、价格、品牌等大方面的竞争为主，双方有来有回，在竞争中进步，在进步中突围。在营收天平倾斜之后，竞争反而更集中于具体细节，交锋更加主动，也更具冲击力。

五粮液作为被挑战者，除了解决自身历史包袱，还选择从战略入手，与茅台进行比拼。2009年3月，五粮液推出酱香型白酒，以抢占属于茅台的香型市场。这项举措不仅宣示着五粮液挥旗主动发起进攻，同样也是对茅台的回应。因为在五粮液动手前，茅台就曾尝试突破香型限制，推出浓香型白酒——茅台液。另外，茅台旗下的子公司习酒在一段时间里也主攻浓香市场。

在这场产品攻防战中，五粮液直接将制造酱香型白酒的酒厂建

[①] 摘自彭洁云的文章《"五粮液事件"最新：亚洲证券可能只是导火线》。

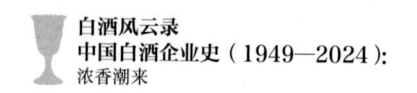

在了贵州茅台镇附近,而茅台也不甘示弱,旗下习酒的浓香市场主要针对西南地区进行布局。原本香型产品从未有过交集的两方在一番排兵布阵后,将矛头指向了对方,直接短兵相接。

战火一经点燃,便一发不可收拾。双方在各个方面的竞争态势愈演愈烈,甚至在保健酒赛道"大打出手"。

2008年,五粮液与巨人集团联合推出了OEM品牌黄金酒,主打保健功能牌。而后,茅台也并非无动于衷。2009年8月,茅台便在北京借助专家品鉴会,推出了属于自己的保健酒品牌——白金酒。

白金酒与黄金酒,茅台与五粮液,竞跑状态一目了然。茅台并未掩饰自己的竞争意图,甚至直言选择保健酒市场是再简单不过的商业行为,是无可厚非的。[1]五粮液将保健酒看作"二次创业"的契机,茅台则尝试培育极具潜力的保健酒市场,将蛋糕做大。

五粮液和茅台纷纷进入保健酒赛道,但两者的保健酒品牌都不是主要的大单品,并没有成为主要的交火弹药。营收,成为双方竞争的焦点。

五粮液经过一系列务实改革后,卸下包袱。2009年,五粮液以营收111.3亿元,超过了茅台96.7亿元的营收,重回第一。[2]

之后,五粮液连续三年的营收均领先于茅台。2010年,五粮液营收达155.41亿元,茅台营收为116.33亿元,营收差距约39亿元。2011年,五粮液营收为203.51亿元,茅台营收为184.02亿元。2012年,五粮液营收为272亿元,茅台营收为264.6亿元。[3]

---

[1] 申子超. 茅台VS五粮液:远日无冤,近日有仇[J]. 酒世界, 2009(10).
[2] 陈雯. 行稳致远,工匠精神打造液体金字塔[R]. 广东:万联证券, 2020.
[3] 陈雯. 行稳致远,工匠精神打造液体金字塔[R]. 广东:万联证券, 2020.

看起来，五粮液似乎将茅台赶超的阴影甩在了身后，既守住了自己的江山，也守住了浓香型白酒的天下。事实上，这是黄金十年五粮液称王的最后荣光。从2010年到2012年的营收差距来看，五粮液和茅台的营收差距越来越小，已经有些许线索。

自1985年以来，五粮液先后经历扩产、提价、渠道开拓和创新，堪称中国酒业之传奇。2011年7月，与五粮液这段风云岁月紧密相关的65岁的王国春卸任五粮液集团董事长、党委书记职务，从"二线"退居幕后。

对于王国春这个白酒巨匠的卸任，新闻媒体所刊登的文章更多是一种总结和回望。作为一名行业老兵，王国春在白酒江湖中摸爬滚打几十年，人生一半，如此已然足够。功与过，都可不论；成与败，都落史为镜。

当王国春退出五粮液的舞台时，没有人知道，白酒行业浓香时代的辉煌也到达了顶峰。

第五章

CHAPTER 5

中国酒业的黄金时代

第一节
一方水土养一方酒

岭南米酒：抵挡外埠酒的坚实防线

进入千禧年，中国白酒市场风起云涌。以五粮液为首的浓香型白酒占据了中国白酒的大部分市场，其他香型白酒也不甘示弱，清香型、酱香型及其他个性化香型纷纷画地为营，抢占市场。中国白酒四大基本香型之一的米香型白酒，在黄金时期也获得了自己的领地。其中，桂林三花酒厂属于米香型阵营中的改革冲锋派。

2000年，桂林三花酒厂董事长赵瀛生在主持完酒厂改制后，酒厂转变为民营股份制企业。这是三花酒厂进行的第二次改革。

20世纪90年代，在三花酒厂背负沉重债务时，领导班子便带领酒厂进行了市场化改革，成立桂林三花股份有限公司。此外，公司不仅组建了销售队伍，在各地东奔西走，还开发了18度至53度等十余个系列的三花酒，酒的品种得到丰富，酒厂也因此走出经营难关。

第五章
中国酒业的黄金时代

低度酒的开发，打开了偏爱低度酒的广西南部市场，三花酒厂将广西市场牢牢地掌控在手中，还让酒厂扭亏为盈。1993年，三花酒厂税利达2000万元，1995年税利突破3000万元，1997年税利达到4000多万元，1999年税利超过5000万元，基本上每两年增加1000万元左右的税利。[①]

2000年，三花酒厂试图深化改革，但市场环境越发复杂，改革进入深水区，特别是五粮液、剑南春、洋河等强势白酒品牌向全国市场的扩张，导致三花酒厂坚守领地的难度加剧。

为化挑战为机遇，三花酒厂确立了"以酒业为主，相关多元化发展"的战略目标，并调整产品结构，向中高端市场进击。

2001年，酒厂将研究多年的"老桂林酒"投放到市场。此举引发良好的市场反应，老桂林酒得到了消费者的喜爱，为酒厂创造了极佳的经济效益。此后，三花酒厂持续推进产品结构的调整，不断开发新产品。同时，三花酒厂还加强科研创新，从而占据了米香型代表酒的优势地位。

那时的三花酒厂，一方面以产品发力，另一方面以营销立身。为拓宽销路，三花酒厂打出"酒+旅游"的"王牌"。广西旅游资源丰富，三花酒作为"桂林三宝"之一，在各类商超的特产区及各大土特产专卖店都占据一席之地，具备突出的流量优势。

三花酒厂独特的市场打法，使其成为广西白酒抵挡外埠酒的屏障，让广西市场免受突围。在稳固桂林市场、广西市场的基础上，三花酒厂还不断拓展销售网络，向区外市场扩展，不仅在广西周边的云南、湖南、广东、福建等地的市场上抢下蛋糕，还借助地理优

---

① 摘自酒志网的文章《赵瀛生——领军功臣》。

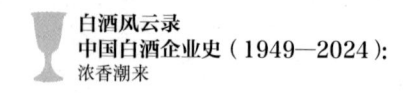

势，将产品远销东南亚。

同属米酒阵营的广东米酒，在守住本省大本营上，面临较大的困难。

由于经济发达，广东历来是酒家必争之地。并且因地处沿海，属外贸前线，广东所受到的洋酒冲击也异常凶猛。特别是2001年末，中国加入WTO（世界贸易组织），积极融入经济全球化，这为中国经济发展增添活力的同时，也带来了挑战。因此在大量国外洋酒品牌开始抢占中国市场时，广东的本土白酒品牌面临着严峻的挑战。

产于佛山市南海区九江镇的九江双蒸酒，是广东米酒的代表。九江双蒸酒有近200年的酿造历史，由于酿造技艺独特，酒体带有天然的"腊味"，与清淡的粤菜相配，堪称一绝。和九江米酒同源的石湾玉冰烧，同样是广东人的心头好。

都说一方水土养一方酒，广东米酒便是这句话的最佳证明。广东米酒是米香型白酒的一种延伸，尝起来像猪油，别具风格。广东以外的酒客，很难接受这种独特的味道，但是当地人极爱用米酒配生滚粥。

广东人对独特口味的钟爱，是铠甲，也是软肋。铠甲在于，米酒于外埠酒竞争激烈的广东，依然是一道坚实防线，撑起了本土品牌的一方天地。软肋在于，广东米酒很难为外地人所接受，只得到广东本地人和海外侨胞的青睐，无法进一步扩大市场。

黄金十年间，岭南米酒也因风味特别，得到自由发展，成就不容小觑。

从2003年起，三花酒的税利不断增长，在2005年突破8000万元，相当于改制时的净资产总额。[①]在2003年到2012年近十年间，三花酒不断发展，在浓香称王的酒类市场中，为米香型白酒杀出一条血路。在2012年"华樽杯"第四届中国酒类品牌价值评议活动中，三花酒还闯入中国酒类品牌价值200强，排名第67位，位列中国白酒品牌第54位，荣获广西白酒品牌价值第一名。

米香型白酒有自己的一片天地，但当时是浓香称王的时代，米香型白酒的口味还没有得到大众的认可，三花酒也受到地域限制，局限于广西及其周边省市，在距离更远的北京、上海等城市缺少知名度，销量并不理想。九江米酒甚至很难北上，打开其他省份的大门。但是三花酒与九江米酒，能在其他名酒都在攻城略地时坚守城池，深耕品质，也是一种发展。

塞上风云，英雄各据一方

20世纪的最后几年，河套酒业董事长张庆义与桂林三花赵瀛生面临着同样的抉择。他需要带领河套酒业深化改革，使其由国有控股公司转变为民营控股公司。

一南一北，面对中国白酒行业的风云，两家酒企的领军人做出了相似的抉择，就是大力推动酒业市场化改革，推行现代企业管理方法，并进行大规模技改扩建，调整产品结构。这或许就是变革时代下的大势所趋。

1997年，河套酒业开始实行股份制改革，更名为内蒙古河套

---

① 摘自酒志网的文章《赵瀛生——领军功臣》。

酒业（集团）股份有限公司。从国企走向民营企业后，河套酒业如走出了温室，面对更多风雨，跟各路英雄在战场厮杀，能否夺得胜局，取决于它自身是利剑还是娇花。

实行改革后，河套酒业策马扬鞭，意气风发。

以酒业为主、多元化发展的战略是河套酒业领导班子谋划的核心。河套酒业位于草原深处的内蒙古巴彦淖尔市杭锦后旗，基于内蒙古大草原乳业发达的优势，从奶酒发家，打造了区别于其他酒企的品牌特色。

但河套酒业并不满足于此，一直谋求多元化发展。除了奶酒，河套酒业还重点发展了白酒、保健酒等。其中，白酒包含清香型白酒、浓香型白酒、芝麻香型白酒等品类。黄金十年间，浓香型白酒成为河套酒业的一大增长点，由此还获得了"北方第一窖"的称号。

乘着浓香热的东风，河套酒业带领河套人不断开发新产品，布局中高端市场。从2009年开始，河套酒业着力推动发展变革，以巨大投入进行万吨名优酒技改及配套设施建设，来提高白酒生产、储存能力，为中高端酒的产销奠定坚实基础。2012年，在黄金时代的尾巴上，河套酒业顺应中国白酒行业低度化、高档化、多元化的大趋势，推出河套酒业36°河套王高端白酒，它被国家白酒专家组组长沈怡方评为"开创了中国低度高端白酒先河"。①

与此同时，河套酒业推出了科学先进的市场营销理念及运作方式，采用终端销售战术，挺进餐饮终端，牢牢把握了以内蒙古为核心，包含内蒙古周边的宁夏、陕西、河南等地的中心市场，从而撬动全国市场。

---

① 摘自酒业新闻网《开创低度高端白酒先河 河套王新品品鉴新闻发布会举办》。

张庆义说，酒是一种特殊的食品，可以满足人们文化上、精神上的需求。河套酒业要培植自己特有的酒文化，打造出自己的品牌、特色、风味，挖掘出背后深厚的文化底蕴和地方风情。

殷商时期开始各民族杂居、交融形成的特色文化，代代流传的套酿工艺，明末晋商走西口带来的独特酿酒技艺，河套地区的气候物产的碰撞，以及游牧文化与农耕文化的交流等，都是河套酒业做大酒文化的底气。

在这些丰富的资源之上，河套酒业在2006年打出"旅游+文化"牌，巩固其在内蒙古品牌中的领导地位。

黄金十年间，河套酒业成为塞上当之无愧的"内蒙古王"。和河套酒业一样，在西北市场占据重要地位的还有"新疆王"伊力特。

1999年9月16日，伊力特在上海证券交易所正式挂牌上市，募集资金4亿多元。这家位于西北腹地的酒企，成为第十个上市的中国白酒企业。也是在这一年，伊力特实业股份有限公司成立。

伊力特一路走来，经过了无数艰难险阻。这是个起家于荒漠的酒企。最开始，酿造伊力特的团队只是一个隶属兵团养猪业务的酿酒小组。1955年冬天，驻扎在伊犁肖尔布拉克的军团战士们，利用简陋的设备酿出了草原上的第一锅美酒，由此揭开英雄酿酒事业的历史篇章。

经过数十年的荒漠开垦和建设，伊力特先后建成酿酒一厂、酿酒二厂、酿酒三厂、酿酒四厂。到1999年改制上市时，与之配套的热电厂、三星级的伊力特大酒店、印务公司、野生果开发公司、玻璃制品有限公司等辅助性企业也已经成立。

1999年改制上市，成为伊力特的重要发展节点。上市前，伊力特仍有较重的计划经济思维，但上市之后，它便真正以一个竞争者的姿态，投入市场大潮，产品向多样化、系列化、高档化发展。最终，在黄金十年间，伊力特发展出伊力老窖、伊力特曲、伊力大曲等包含6个系列、12个品种的产品矩阵。

伊力特是当之无愧的"新疆第一酒"，省内市场份额相当稳固。从2003年起，伊力特新疆本地市场的销售收入就一直占其总收入的一半以上。2013年前，伊力特在整个新疆市场的占有率甚至达到30%以上。[①]任何外来品牌，都很难与之匹敌。

伊力特的核心精神为"英雄本色"，这也是其掌控新疆市场的一大方式。从第一锅酒生产开始，伊力特就凝聚着东方英雄的品牌精神。酒中蕴含一种开拓、坚韧的牛仔精神，在新疆掀起了"伊力特英雄本色风暴"。

黄金十年间，伊力特凭借对新疆市场的超高占有率，在中国白酒营收榜上，排到了前十五名，站稳了新疆酒企的霸主地位。

塞上风云变幻，英雄各据一方。当伊力特的话语权在新疆无人能敌时，青稞酒在青海省抢占了一席之地。

西北门户，青海省海东市互助土族自治县，就是青稞酒的产地，这里又被称为"中国的乌拉尔"。冰川、湿地、草原、森林共同缔造出的复杂高原生态圈，为青稞酒的酿制，创造了独特、绝佳的生产环境。

互助土族自治县素有"青稞酒源产地"之称。1952年，互助土

---

① 摘自新浪财经的文章《复盘非典|非典期间伊力特恢复较快　目前扩张或受影响》。

第五章
中国酒业的黄金时代

族自治县以"天佑德""永庆和"等八大地方作坊为基础，组建了国营酒厂，成为建国初期白酒建厂浪潮中的一份子。但是与其他白酒声名鹊起的情况不同，几十年来青稞酒厂的产品都不温不火，直到21世纪初的国营改民营浪潮，才迎来以李银会为代表的新领导班子。

2004年底，李银会第一次接触酒厂的改制方案时，就知道摆在他面前的是一块硬骨头。

青稞酒厂不但效益低下，物品囤积情况也非常严重，光哈达就积累了两百万条，圆珠笔也有几百万支，工人的工装，更是五年也发不完。

为扭转这一境况，李银会等领导班子马不停蹄地开始了酒厂改制工作。2005年7月，老国营酒厂改制为青海互助青稞酒股份有限公司，加入了市场化浪潮。

在全面分析了全国的白酒局势后，李银会发现在当时的中国白酒版图中，只有家门口这片相对封闭、独立的市场，还存在争取的机会。

青稞酒非常有个性，消费者忠诚度高，这是酒厂竞争的最大优势。酒行业有句话："大碗喝青稞酒，大口吃牦牛肉。在中国的西北地区，青稞酒的地位茅台都比不上。"

利用省内原有的基础，青稞酒立足青海，大做销售文章。几年以后，年销售额实现突破。

通过盘活其他白酒难以扎根的省内市场，青稞酒创造了销售奇迹。位于内陆腹地、看起来如盘子般小的西北市场，就是有这么大的潜力。

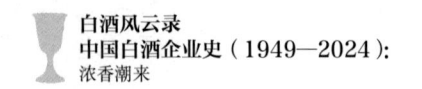

白酒风云录
中国白酒企业史（1949—2024）：
浓香潮来

黄金十年，中国酒业水涨船高，青海互助青稞酒股份有限公司也成长为西北地区白酒行业的龙头之一，雄踞青海市场。

2011年12月，青海互助青稞酒股份有限公司在深圳证券交易所成功上市，股票代号为"青青稞酒"。[1]

这个上市举动，在多年后被称为"抓住了黄金时代的尾巴"。在白酒行业蓬勃发展的黄金十年中，浓香为王，但是以河套酒业、伊力特、青稞酒为代表的西北龙头也在搅动塞上风云，据守省内，以图全域。

群狼驱虎：四特的"江西保卫战"

2002年7月，江西四特酒集团新上任的董事长廖昶一举砍掉了四特的52个产品。

一石惊起千重浪，廖昶此举在业界引起热议。许多营销人员和经销商，都不看好这一举措，认为这会形成市场空隙，给其他品牌留出可乘之机，导致四特销售量下滑。

不过，廖昶坚持这么做另有缘由。

四特酒集团的前身为成立于1952年的国营樟树酿酒厂，1983年改名为国营樟树四特酒厂。拳头产品四特酒"浓头、酱尾，清中间""三型具备游不靠"，是江西省唯一的国优、部优级名酒，开创了区别于其他白酒香型的特香型，并促进了江西省内一批白酒走上特香型道路。在20世纪80年代末，四特酒被江西人称为八大名酒之外的"老九"，足见其在江西消费者心中的分量。

---

[1] 韩凤军. 天佑德青稞酒，雪域之巅新传奇[J]. 中国食品药品监管, 2014(07): 61.

第五章 中国酒业的黄金时代

在20世纪90年代的市场化浪潮中，各大白酒抢占市场，但四特未能及时进行经营体制、机制的转换。

到了2002年，四特改革已迫在眉睫，其面临产品结构不合理、营销模式陈旧、科研力量薄弱等一系列问题，此外，企业管理落后，生产效益低下，负债率很高。偏偏在此时，国家对白酒行业进行整顿，对白酒税收做出重大调整。再不改革，四特就要跌入低谷，再难翻身。

四特领导班子临危受命，将四特从一家半作坊式的企业改为一家现代企业。在摸清内部实际情况和行业形势后，廖昶等领导提出"品牌跻一流，管理上台阶，营销成体系，效益争最佳，文化创特色"的企业发展总战略。在营销方面，还制定了"立足省内，面向全国，张弛有度，突出重点"的整体战略规划。更重要的是，他们认为四特应调整产品结构，聚焦核心单品，以提升品牌效益。过多的产品反而会分散四特的品牌凝聚力。

这才有了砍掉52个产品之举。

这一举动非常冒险，但收益不菲。同年，四特就扭转了亏损的局面，盈利大幅提升。不到两年时间，四特上缴税利1.1亿元，首次突破亿元大关。

在四特聚焦品牌期间，很多外来白酒都试图从江西市场分走一杯羹，但四特在家门口市场的地位十分稳固，牢牢地占据江西主导地位，使不少外地品牌铩羽而归。

2005年，四特改制为中外合资企业——江西四特酒有限责任公司，由国营转为民营，进一步释放经营活力。

改制的同时，四特还树立"差异化香型第一品牌"的旗帜，在清香型、浓香型、酱香型三大香型瓜分天下的情况下，找准自身定位，独树一帜，走出了自己的特色之路，提高了市场适应能力。

此外，四特还提出全员营销理念：从供应商到经销商，从厂区一线生产员工到高层管理团队，围绕营销形成一个整体互动的高效系统。此外，四特还深度开发市场渠道，构建南昌营销总部，以此为基，夯实江西市场基础。

自2002年以来，四特不断发展壮大，业绩不断攀升，销售额一度占据近半数江西白酒市场。至2010年，四特的销售收入突破15亿元，居江西省食品行业首位，全国白酒行业前列。[1]截至2012年，四特销售收入突破50亿元（含税含折让），在樟树市上缴各项税收突破9亿元，远超曾经不足亿元的上缴税利。[2]四特的品牌价值为88.59亿元，位于全国白酒行业第十五名，江西省第一名。[3]四特成为名副其实的江西"酒王"。

随着四特崛起，强势占领本地白酒市场，江西白酒市场逐渐形成"一超多强"的局面。

"一超"指在江西全省具有影响力的四特，以南昌为中心，全面覆盖江西酒业市场。"多强"指除了四特，李渡高粱、章贡、清华婺、堆花等实力较强的江西品牌，各自占据江西部分酒业市场。北有龙珠阁据守景德镇，牛头王、百年孤独、陶令、九岭四分九江；南有章贡守赣州；东有全良液、清华婺、饶州酒、婺缘红瓜分上

---

[1] 摘自四特酒有限责任公司的文章《特香型白酒新荣耀：四特酒董事长、总经理廖昶获评成为第二届"中国酿酒大师"》。
[2] 摘自四特酒有限责任公司的文章《四特酒公司获评为2012年度樟树市文明单位》。
[3] 摘自四特酒有限责任公司的文章《四特酒华樽杯夺魁，继写江西市场强势》。

饶，李渡独享腹地南昌，临川贡独霸抚州；中西部堆花、白凤、井冈山酒三分吉安，西北四特、七宝山、锦江、大樟树贡共享宜春、新余，林林总总，堪称"藩镇林立"。更有本地人自酿土烧酒，醉倒半数赣人。

如此局面，外地品牌难以插足。除了茅台、五粮液能在高端市场抢占一席之地，其余品牌难分一杯羹。尤其是在当地品牌占绝对优势的中低端市场中，全国各种系列酒、贴牌产品都纷纷败北。

业界公认，江西是块难啃的硬骨头，外地名酒难以进入江西市场，甚至有"一年喝倒一个外地白酒品牌"的说法。

江西"本地人喝本地酒，本地人守护本地品牌"的局面，提高了外地品牌攻下江西市场的难度，为四特等赣酒品牌提供生存保障。而这些赣酒品牌致力于江西市场，虽抵挡了其他品牌的攻势，却也将自身困在江西。即便曾试图走出江西，扩大国内市场影响力，但碍于市场压力，发展阻力非常大。因此，在黄金时代，赣酒虽然筑造了坚实的"堡垒"，但同时也建立了高耸的"围墙"。不仅形成庇护所，也铸就了安乐窝，这是赣酒之福，也是赣酒之失。

第二节
西不入川，东不入皖

川酒帝国，江淮名士

洋河酒厂位于中国白酒之都江苏省宿迁市，是江淮名酒的典型代表。

在白酒处于计划经济时期时，中国白酒各大评比中总少不了川酒品牌和江淮酒品牌的身影。两者一东一西，交相辉映。

四川省历来就是名酒大省，名酒众多且产酒量大。在1989年第五届全国评酒会评出的十七种名酒中，川酒占据六席，也就是川酒"六朵金花"：五粮液、泸州老窖、剑南春、全兴、郎酒、沱牌曲酒。川酒的产量、销量都位居全国前列，因此有"川酒甲天下"一说。

川酒位于长江之头，而位于中国东部、长江下游的江淮地区同样是中国知名的美酒产区。

第五章
中国酒业的黄金时代

江淮一带自古以来就有鱼米之乡之称,这里有着丰富的酿酒原材料及悠久的酿造历史,当地人有饮酒的习惯。江淮地区和"白酒金三角"川贵渝地区纬度相近、气候相似,水热均适合酿酒时的微生物发酵。这催生了江淮一带名酒的诞生,当地名酒数量较四川也不遑多让。古井贡、口子窖、迎驾贡、金种子、高沟、汤沟、洋河大曲、双沟大曲皆盛名一时,产量、销量在全国亦名列前茅。

在白酒行业中,历来有"西不入川,东不入皖"的说法。意思是四川和江淮两地的酒企,实力雄厚,外来白酒难有立足之地。两地盛产浓香型白酒,为一时瑜亮。但两地所产的浓香型白酒又略有不同。川酒风格类似于川菜,带有窖香,香气浓烈,香大于味;而江淮一带的浓香型白酒口感绵顺醇甜、芳香浓郁,尾味纯净,风格淡雅柔和,与江淮菜有异曲同工之妙。差异在于四川盆地气候温暖湿润,更适合微生物发酵;江淮地区多丘陵,全年平均温差和湿差大,空气中的微生物含量较少。

20世纪90年代至2000年前后,人们认为好酒的标准是有劲,所以浓香够劲的川酒迎合了人们的喜好。因而四川酒企竞相走出四川,与全国各地名酒争夺市场,好似大军领兵出征,南征北战,战果丰硕。

这一时期,高端白酒市场几乎被川酒和黔酒垄断。五粮液挂帅浓香型白酒,茅台领军酱香型白酒。洋河要在这片红海中杀出重围,实属不易。

如何才能脱颖而出?洋河想到了另辟蹊径——开创一个新品类。

洋河属于浓香型白酒阵营,但此时五粮液在中国白酒行业中称王已有数年,洋河难以超越五粮液从而坐上浓香型白酒的头把交

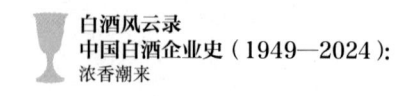

椅。只有第一名会被大众铭记，少有人会退而求其次。那么，转换一下思路，换一个跑道呢？

于是，洋河跳出了中国白酒以香定型，以香型分类的定式，从"味"出发，强化酒体绵柔度，提出了"绵柔型白酒"这一概念，推出洋河蓝色经典系列。绵柔即口感绵柔，洋河将江淮酒自身的特点发挥到极致。该系列产品定位中高端，包装也突破了市面上多数白酒的红黄配色，采用更清爽、更引人注目的蓝色包装。

差异化定位新的品类，开创新流派，让洋河一下子脱颖而出，市场竞争力大幅度提升。2008年，"蓝色经典"商标被国家工商行政管理总局认定为中国驰名商标，这是继"洋河"2002年获中国驰名商标后，又一商标获得国家级认定。后来，绵柔型白酒还纳入了国家行业标准。因此，洋河成为白酒行业的领军品牌，为打开省外市场奠定了基础。

2000年后，中国经济发展速度加快，居民收入水平大幅度提高，饮食习惯逐渐趋于清淡。洋河提出的绵柔型白酒概念恰逢其时，顺应了消费者口感的变化。迎合市场需求的差异化产品，外加科学有效的营销方式，使洋河在中国白酒黄金十年中迅速腾飞，一跃而起。2011年，洋河营收突破百亿元，是江苏省白酒行业第一家、中国白酒行业第三家营收超百亿的企业。2011年，洋河正式超越剑南春，晋升白酒三甲，打破"茅五剑"的格局，成为头部阵营中的一员。而在洋河效应的带动下，江淮地区出现了更多绵柔型白酒。

在洋河火爆的前几年，川酒五粮液的董事长王国春也遇到过打开市场的困境。

当时五粮液的市场开拓战略是多品牌战略，细分目标市场，以抢占更多的市场。据此，五粮液开发了五粮春、五粮醇、五粮神、金六福、浏阳河等多个子品牌，大规模占领中国白酒市场。五粮液多品牌战略引得其他酒企纷纷跟进，浓香型白酒也在这时逐渐深入消费者心中，被消费者青睐。

在五粮液的龙头效应下，川酒迎来大发展。老名酒队伍的"六朵金花"在市场卷起风云，丰谷、小角楼等新派川酒也强势崛起，构筑起川酒坚固的竞争壁垒。

洋河另辟蹊径，坚持自身特色，走差异化路线；五粮液全面铺网，占领全局。川酒帝国，江淮名士，名酒两大领头羊的不同，既是不同市场环境下的不同选择，又是四川与江淮两地酒企不同发展思路的体现。

川酒和江淮名酒的发展亦与两地人的性格相似。川人性格豪爽外向，有股江湖市井的烟火气，川酒酷爱出征打天下，善于出省打市场，攻城能力强悍无匹。中国大部分省份的白酒市场都曾受到川酒的冲击，这也造就了川酒在中国白酒市场的辉煌成就。江淮人温和谨慎，注重安稳，江淮名酒也像风度翩翩的文士，谨慎内守，倾向于深耕省内市场。

2005年前，古井贡和口子窖扩展并稳定了全国市场，转头将发展重心放在当地市场。通过区域内部的良性竞争，江淮地区酒业做大做强，"西不入川，东不入皖"终有着落。

建酒业集群，聚战斗合力

2006年的5月，泸州市成立第一个酒业集中发展区，成为中国白酒产业开始集群化发展的标志。这里成为国内最大的白酒综合配套加工基地，是名副其实的"中国白酒第一园"，将提高泸州老窖及周边酒企的综合竞争力，做大做强泸州酒业，实现中国白酒产业的整体升级。同时，也为泸州经济实力的增强做出贡献。川酒的实力，进一步增强。

追溯至2004年，泸州酒业集中发展区已提出立项，是四川省"工业强省"的重点项目及泸州市"十一五"期间重点发展项目。这一酒业集群项目规划深层次整合泸州酒业资源，发展泸州酒品牌，重心为探索传统中国白酒向优势区域、名牌企业、原产地集中转变的科学发展之路。这要求项目主持者在中国白酒行业具有一定的影响力、号召力，能够吸引白酒企业入驻泸州酒业集中发展区。同时，还要有较高的管理能力、过硬的技术实力、充足的人才资源等，才能管理好泸州酒业集中发展区。泸州市选中泸州老窖作为领头羊，与之签订《重点建设暨招商引资目标责任书》。

主导筹划建设泸州酒业集中发展区是泸州老窖的责任，同时也是泸州老窖的机缘。在整合酿酒、包装、物流等泸州酒类资源的过程中，泸州老窖的品牌文化也会得到升级。于是，泸州老窖积极推动泸州酒业集中发展区的建设。

2006年5月，泸州酒业集中发展区奠基于泸州黄舣镇，获得中国"酒谷"的称号。这是中国首个白酒酒业集中发展区，整个发展区分为基础酒储存园区、灌装生产园区、包装材料供应园区、仓储物流园区、基础酒酿造园区五大主题园区。这些园区规划中，既有生产基地，又有包装材料供应地，上下游产业链配套完善，组成了当时中国最大的白酒OEM园区。这翻开了中国白酒行业集群化发展的第一个篇章，为中国白酒企业向规模化、集群化、循环化方向发展提供了新思路。

白酒行业集群化有利于引导酒业资源集中，带动相关产业的集群发展。2006年，国内数一数二的瓶盖企业泸州海普制盖有限公司，在泸州酒业集中发展区开设分厂，产品主要销往湖北、贵州。入驻园区后，泸州海普制盖有限公司每年可节约物流成本160多万元。时任泸州老窖总经理的张良认为，泸州酒业集中发展区实现了酒类生产和包装企业集中，从而实现共建共赢。

在这以后，中国白酒的发展逐渐向原产地集中，向骨干企业集中。2006年四川共有10户企业入选国家统计局主要财务指标前50强，占全国50强的五分之一。[①]

川酒的集群化发展得益于国家发展和改革委员会、工业和信息化部2011年印发的《食品工业"十二五"发展规划》，其中提到，大力推动酿酒产业集群建设，积极建立酿酒生产园区。

川酒企业区域集群趋势越发明显，四川省想要加强区域合作，将各方资源整合起来，合力打造区域品牌形象，于是提出"中国白酒金三角"战略构想，建设"长江上游名酒经济带"。泸州、遵义、宜宾三城汇聚了茅台、五粮液、泸州老窖等名酒，构建了中国白酒黄金经济圈，使长江中上游经济带集中了中国名优白酒。

泸州酒业集中发展区逐渐实现产业链和产业集群的全面突破，成为中国最大的白酒产业集中发展区。再加上具有深厚历史文化底蕴的泸州老窖，泸州成为"中国白酒金三角"的腹地。

四川省通过构建优势突出、特色鲜明、品牌推动力强的产业集

---

① 摘自新浪财经的文章《白酒50强　川酒占10席》。

群，突破不利因素的限制，实现经济效益最大化，促进川酒企业发展及中国白酒品牌的塑造，加快高洲、峨眉春、红楼梦酒等一批区域性二线企业的成长，构建川酒产业多层次发展的格局。

为此，泸州老窖举办了"2010'诺贝尔'论道中国白酒金三角"高端论坛。川酒企业亮相于"中国白酒金三角"2011年酒业博览会、首届"中国白酒金三角"区域发展高峰论坛、全国糖酒交易会、中国进出口商品交易等一系列活动中。2010年，五粮液、茅台、泸州老窖、郎酒、沱牌、水井坊一齐现身上海世界博览会。这是打造"中国白酒金三角"后，川酒首次"抱团出征"，拉开了川酒以团队方式走向国外市场的序幕。

产业集群、"抱团出征"等举措取得了令人瞩目的成果，四川省白酒产量大幅度提高。以川酒"六朵金花"为首的各大川酒企业核心竞争力获得提升，营收也大幅度增长。川酒品牌整体形成梯队，区域品牌形象得到维护，国内、国际知名度和影响力都有所上升。

2012年，"中国白酒金三角"获得地理标志产品保护，将川酒独有的资源优势、品牌优势规范化、标准化和具体化，形成与国际接轨的产区概念，进一步集聚并释放川酒的战斗合力。

凤凰涅槃：愈合与重塑

2008年8月28日，剑南春举行灾后重建产品灌装下线仪式，一批批全新包装的剑南春酒被运出厂区。

2008年5月12日，汶川发生8.0级特大地震，中国白酒产业遭受伤害，影响了未来的发展格局。

从市场方面说，地震对中国白酒的消费市场产生了一定影响。四川是中国中低端白酒消费第一大省，成都是中国高端白酒的重要消费地。地震后，四川地区对白酒的需求下降，在一定程度上影响了白酒的销售。

　　从生产方面说，中国白酒产业的主要力量按照地域划分，主要分为四大板块，分别是川酒板块、黔酒板块、淮河名酒带及山西清香型白酒板块。其中川酒板块包括成都、德阳、泸州、宜宾等白酒主产区，囊括剑南春、五粮液、泸州老窖、郎酒等知名酒企。同时，绵竹、绵阳、德阳等地还是中国白酒原酒生产集散地，其生产的原酒供全国众多白酒厂生产高品质白酒。

　　在汶川大地震中，位于川南地区的五粮液、泸州老窖、水井坊等没有受到实质损伤，位于川西北地区的白酒企业损伤很大。绵阳、绵竹和德阳等地大面积受灾，造成人员伤亡及厂房倒塌，严重打击了四川白酒产业。

　　德阳、绵阳等地生产原酒的中小酒企，也在此次地震中受到损伤，生产中断。来自山东、陕西等地的白酒企业购买德阳、绵阳等地的原酒，贴牌生产。如果不能及时恢复原酒供应，这些原本依靠德阳、绵阳等地供应原酒的白酒厂将无力支撑其产品生产，也会导致企业衰败。

　　好在，大部分企业在地震后恢复了生产，从灾难中重生。其中，剑南春堪称浴火重生的凤凰。

　　对于多年来一直位列中国白酒第一军团的剑南春而言，这是一场劫难。酒厂所在的绵竹距离震中较近，受地震影响较大。发生地震后，剑南春立即让车间工人撤离现场。因此，剑南春仅有少量工

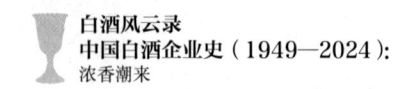

人轻伤，无一人重伤或死亡。剑南春一名工人称，从未见过那么大的一个工厂，瞬间就停止生产。

工人损伤不重，但剑南春的建筑却受到重创，部分车间坍塌，包装车间被毁，基酒库中储藏珍贵基础酒和陈年酒的陶瓷坛爆裂，致使数千吨原酒毁于一旦。地震后，剑南春暂时停产，生产中断三个月，销售中断四个月。

据统计，在地震中，剑南春各类基础酒损失了30%~40%，[①]直接经济损失超过10亿元。剑南春的原酒在酿成后需要储藏3到5年才会上市，原酒的损失意味着剑南春2008年、2009年的市场供应量都会减少，无法完成2008年的销售目标。[②]白酒行业议论纷纷，普遍认为剑南春至少需要3年的恢复期。

2009年，剑南春虽跌出中国白酒行业排行榜前三名，但仍在白酒界名列前茅。

地震破坏了剑南春价值超10亿元的原酒，但好在剑南春的生产要素基本完整，酿酒车间主体结构、名酒技术研究中心的主体结构、科研装备、检测设备和酿酒水源的水质都未受影响。更重要的是，剑南春的老窖池——"天益老号"窖池保存完好。这座老窖池是剑南春风味的来源，一旦被毁，酿出的酒就会失去原有的品质。令人称奇的是，这座从1514年就一直在出酒的老窖池，历经数百年沧桑，在这次地震中仍然顽强地挺住了。这意味着，剑南春的核心能力没有受到根本打击，品质没有受到影响，可以很快恢复生产。

[①] 赵志英. 坚持科学发展观，灾后重建又快又好——记剑南春集团档案工作灾后重建[J]. 四川档案，2009(03): 19-20.

[②] 龚友国. 灾后雄起，剑南春就是剑南春[N]. 中国企业报，2009-03-11(013).

灾难面前，剑南春人没有坐以待毙，而是积极进行灾后重建工作，他们相信剑南春一定能够从灾难中站起来。在震后不到半小时，剑南春就成立了救灾自救指挥部，动员企业力量自救和救灾。同时实行自愿参加工作措施，在企业恢复生产期间，需要休养的员工可以不上班，照发基本工资。

地震当天，剑南春对各车间、各部门电网、水网及管道进行排查清理和重建规划，陆续进行厂房维护和管网恢复工作。地震第二天，剑南春开始建设新的包装厂房，确定新建的全钢结构包装中心选址，引进法国每小时能够灌装6000瓶酒的新生产线，迅速投入运转。

5月16日，剑南春2007年度股东大会如期召开，分红方案按计划实施。6月2日起，30多万件剑南春成品酒陆续发往全国各地。6月7日，剑南春部分酿酒车间恢复生产。6月12日，剑南春如期亮相年份酒广州品鉴会，向社会各界介绍剑南春在地震中的情况及剑南春首创的年份鉴定方法——"挥发系数鉴定法"。7月9日，剑南春所有生产车间全面恢复生产。8月16日，全钢结构的新包装中心正式投入运转，剑南春恢复市场供应。[①]剑南春仅用三个月便治愈了创伤，理顺营销和生产线。此外，剑南春的营销队伍和打假队伍始终没有撤回本部，而是一直保持正常运营状态。

剑南春是四川省地震特重灾区第一个自救复工的大型企业。2011年，剑南春原酒生产能力恢复到震前水平。剑南春积极开展救灾自救，在地震后快速全面恢复生产，涅槃重生，堪称奇迹。

除了剑南春，绵阳的丰谷受灾也不小，厂房建筑、设备都受到

---

① 赵志英.坚持科学发展观，灾后重建又快又好——记剑南春集团档案工作灾后重建[J].四川档案，2009(03): 19-20.

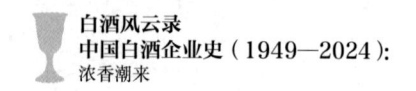

不同程度的损坏，数百个储酒坛破裂，直接损失达上亿元。丰谷同样积极开展救灾自救工作，重塑酿酒伟业。2012年，丰谷摆脱地震影响，全年实现销售收入30.02亿元。[①]

虽经磨难，但未见衰落。以剑南春、丰谷为代表的川酒集团经过洗礼后，最终涅槃重生，走向新辉煌，巩固了其在中国白酒阵营中的"肱骨"地位。

---

① 摘自《经济参考报》的文章《丰谷酒业：低醉酒度开拓白酒产业未来》。

第三节
两湖风流，鲁酒复兴

白云边超车：城市包围农村

1998年4月，白云边陷入困境，濒临破产，松滋建材局局长梅林临危受命，担任白云边副董事长。几年后，白云边弯道超车，成为湖北白酒企业中盈利能力最强、盈利额最高的一家企业。

湖北位于中国中部地区，地兼南北，九省通衢，此地美酒众多，兼顾南北特色，在中国的白酒版图中，具有重要的一席之地。在鄂酒阵营中，既有清香型的黄鹤楼、石花酒，也有浓香型的稻花香、枝江大曲。最具特色的还数浓酱兼香型的白云边，芳香优雅、酱浓协调、绵厚甜爽、圆润怡长，得浓酱两家之所长。

随着黄金十年的不断推进，兼香型白云边成长为湖北市场的新星。但在2000年，白云边的发展却不尽如人意。在20世纪90年代的白酒竞争风云中，因没有根据市场及时调整营销模式和渠道，白云边的市场份额并不够理想。

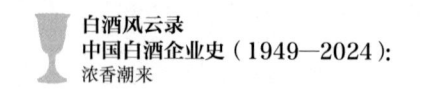

白酒风云录
中国白酒企业史（1949—2024）：
浓香潮来

盘子只有那么大，想让白云边崛起，就必定要抢占鄂酒市场。

白云边做了三件事：品牌定位塑造、产品价格管理和终端渠道建设。而这三件事，都是为了最后的"总攻战"：城市包围农村。

梅林刚刚接手白云边时，湖北省大部分酒企的主打产品是中低端产品，它们大多将注意力集中在服务经销商、布局经销网络、快速扩张上。这样并不具备竞争优势。一个原因是，省内巨头枝江走的是中低端路线，并具有广泛的消费者基础，白云边跟在枝江后面走，永远只能"陪跑"。另外，白云边领导班子敏锐地预见了中国经济快速增长的趋势，判断人民的消费水平将逐渐提高，未来白酒市场竞争会越发激烈，继续按老路子走必然会出现问题。

因此，白云边必须另谋出路。怎么谋？

"白云边不碰浓香，要走兼香中档路线不动摇。"这是梅林等领导脑海里第一个想法。2000年左右，白酒市场上浓香竞争者众多，这块蛋糕就这么大，再一头扎进去，也抢不到什么甜头，不如另起炉灶，把新蛋糕做大。

"浓酱兼香型白酒"就是梅林等领导做的新蛋糕，也是他们为白云边打造的特色。

由此，白云边提出"浓酱兼香型白酒"概念，将这种产品的酒体风格引入消费者的口里、心里，培养忠实消费者。这是白云边在湖北市场争夺战中最重要的砝码，也使胜利的天平彻底倒向己方，实现弯道超车。

白云边于1991年被轻工业部确定为全国浓酱兼香型白酒的典型代表，于2006年被中国食品工业协会正式认定为中国白酒兼香型代表。在此基础上，白云边起草了《浓酱兼香型白酒》(GB/T 23547—2009)国家标准，该标准获得国家质量监督检验检疫总局、国家标准化管理委员会批准。此外，白云边提出的"浓酱兼香型白酒"概念使其区别于其他浓香型白酒，形成了差异化优势，因而在市场竞争中处于有利地位。起草《浓酱兼香型白酒》国家标准奠定了白云边的行业地位。

高手过招，往往在悄无声息中便决定了输赢。商业竞争也是如此。看似风平浪静，但只有在尘埃落定时，才能看清背后的波涛汹涌。

为塑造品牌，白云边打出广告牌。"往事越千年，陈酿白云边"的广告词，不仅突出了"陈酿"，凸显产品品质，还嵌入品牌名的由来及产地，有效进行文化输出。

"往事越千年"，这句广告词勾连了唐朝大诗人李白在湖北的故事。有"酒仙"美名的李白，于乾元二年(759年)夜泊湖口，游洞庭湖，并写下"将船买酒白云边"。湖口位于今湖北省荆州市松滋市，正是白云边的产地。此时白云边已经找准自身品牌定位，输出情怀和文化。

有了品牌加持，做起市场来便如虎添翼。在摸准市场脉络后，梅林决定做大做强中盘，角力中高端。此时的梅林，已经决定将白云边拉出低档品牌的队伍，送入中高端品牌阵营。因此他要同步完成另外两件事：产品价格管理和终端渠道建设。

白云边形成了一条十分清晰的产品线，产品分为3年、5年、9年、12年、15年和20年，不同年份代表不同价位，梯度明晰，让消费者能够快速辨别各产品的档次。

白酒风云录
中国白酒企业史（1949—2024）：
浓香潮来

从1999年开始，中国白酒品牌纷纷推出高端产品，走高端路线，开拓高端市场。白云边定位中高端，主销产品白云边5年、白云边9年，价格都比其他品牌同期的主销产品高一个档次。这就提高了消费者心中白云边的档次，白云边从而及时跟上了行业高端酒的潮流。

而在终端渠道建设上，白云边进行市场拓展，先猛攻湖北省会武汉，做好武汉市场再带动全省，走自上而下的城市包围农村路线。枝江先铺开农村，走农村包围城市路线。

在市场拓展中，白酒并不是生活必需品，而是精神消费品，是消费者满足生存所需之后的精神需求。从这个角度来说，城市是白酒的主要消费市场，白云边的市场拓展路径更优。

白云边和枝江采用了不同的市场拓展路径，在消费者心目中建立了不同的品牌形象。白云边从城市包围农村，消费者会认为它的主流消费市场在城市。枝江从农村包围城市，消费者会认为它的主流消费市场在农村。

因为将大量的资源投放到品牌定位塑造、产品价格管理和终端渠道建设上，白云边赶上了时代的东风，很快崛起。2008年，白云边缴纳税金达1.7亿元，成为荆州工业企业第一纳税大户，成功实现弯道超车。[①]

长江以北，湖北省的白云边与枝江战况正酣，而几乎在同一时期，在长江以南的湖南省，有一匹强劲的黑马也逐渐崭露头角。

---

① 摘自白云边集团的文章《发展历程　展翅腾飞》。

一路高歌，酒鬼酒挺进高端

2004年，湘西吉首，湘泉集团旗下的酒鬼酒成功推出一款新产品，名为"内参酒"。同年，千里之外，担任五粮液多年"市场总指挥"角色的徐可强由于身体原因，逐渐淡出了集团核心管理层。这两件事看似并没有交集，但在多年后，却产生了奇妙的化学反应。

内参酒开发的背后，有一段很长的故事。自从20世纪90年代，设计独特的酒鬼酒被推出以后，便在高价白酒市场一炮而红。在中国酒业普遍走中低端路线时，酒鬼酒早早成为高价酒的代表品牌。

1996年，《中国轻工企协通讯》中写道："人们一般都认为，中国名酒茅台是国内售价最高的白酒。其实，售价最高的白酒不是茅台，而是湘西的酒鬼酒。"当时酒鬼酒的零售价在300元/瓶左右，而最经典的53度茅台价格约为200元/瓶。

1997年在登陆资本市场以后，酒鬼酒像一匹黑马，征战各地市场。2000年，"酒鬼"荣获"中国驰名商标"。2001年，酒鬼酒成为全国五大畅销白酒品牌。

在酒鬼酒迅速发展的过程中，中国酒业也在发生翻天覆地的变化。从1999年，全兴推出水井坊，零售价触及500元价格带，再到五粮液、茅台、泸州老窖等各大品牌竞相角逐高端市场，20世纪90年代末到21世纪初这十余年间，高端酒渐受热捧。

此前属于蓝海的高端酒战局，在进入21世纪后，竞争日渐残酷激烈。酒鬼酒作为高价白酒的初探者，当然不肯示弱。为赶行业热潮，其正式推出内参酒，目标直指高端白酒。

内参酒，从名字开始，便展示了其高端白酒的定位。其实晃眼

白酒风云录
中国白酒企业史（1949—2024）：
浓香潮来

一看，"内参"二字与白酒全无关系。它既不像"五粮液"以酒来命名，也不像"茅台"用产地命名。"内参"得名，纯属机缘。

1995年，一位客人到湘泉集团做客，品尝了酒厂提供的内部品鉴酒，在得知该酒并不外售后，他向厂领导说道："你们这个酒，可以取名为内参酒。"本是一句无心之语，不想多年后，内参酒真的被开发了出来。

内参，顾名思义，是内部参考之意。在新闻界，内参特指新闻媒体向各级政府机关专门呈送的一种新闻报道。在有关领导批示允许公开前，内参的内容必须严格保密。

这种并不进行公开发布的报道形式，既显示了内参酒的神秘、低调，同时又彰显其尊贵的身份、地位。因为只有一定级别的人才能接触到内参酒。

因此，勾兑大师在为内参酒设计包装时，选用了湘西民间包扎礼品的油纸创意，特殊的纸纹褶皱效果使得酒瓶别具一格，像用报纸刻意包藏一般，兼具大气、神秘、庄重。瓶颈上有杏黄色丝绳，盒盖压棕色火漆封章，如古代的官府密章，有封存之意。

酒鬼酒领导接到包装设计时，还拿到了一页行楷字产品说明，上面写道："此酒窖藏数量有限，只供给领有正式牌照之酒仙、酒鬼欣赏品尝，不做市场推销活动，所谓'喝一瓶少一瓶，喝一口少一口'之义，庶几近之，深望向隅之各路'瘾君子'原谅。"

这便是内参酒，数量有限，价格高昂，上市价格每瓶480元。在2004年少量上市后，内参酒悄然站稳高端定位，流行于国内高端商务圈。

内参酒的出世，原本可以作为酒鬼酒争取市场的"一条腿"，但是由于种种波折，"内参"商标注册并不顺利，直到2008年底才注册成功。另外，2002年到2007年间，酒鬼酒因经营不善，发展进入瓶颈期。

2007年，中国糖业酒类集团有限公司（下称"中糖集团"）控股酒鬼酒后，酒鬼酒迎来复兴。

中糖集团接手酒鬼酒后，就一直在寻觅合适的领导人选。谁能带领酒鬼酒重振江山？在这个契机下，中糖集团领导第四次去拜访了徐可强。

之所以是第四次，是因为早在收购酒鬼酒之前，中糖集团便已"三顾茅庐"，想请徐可强出山。

徐可强曾在五粮液历任数职，担任总经理后，便全程负责销售工作。2004年，徐可强逐渐淡出五粮液管理层后，中糖集团便多次向他抛出橄榄枝，但他没有"接招"。多年后，徐可强在采访中说道："我当时还在五粮液集团任副董事长，没完全退休，中糖集团请了我三次，我都没答应。"由于受制于非竞争性协议，为避免同业竞争，徐可强三次拒绝中糖集团的邀请。

直到2009年春节前后，休养五年的徐可强到酒鬼酒考察，他在考察后当即决定"再度出山"。徐可强兴奋异常，因为他发现酒鬼酒身上有着极大的发展潜力。当年，酒鬼酒的产能在全国排前三位，具备做大的条件。另外，2009年，中国高端白酒的市场容量已超过百亿元，天花板还在不断增高。徐可强判断："酒鬼酒是中国高端白酒的最后一个金矿。"

2009年，在领导班子的带领下，酒鬼酒显示出强劲的发展动力。不仅有"珠海首富"李健康与酒鬼酒签署协议，买断酒鬼酒另一高端品牌"十年洞藏"的十年经营权，还有许多经销商上门寻求合作，将酒鬼酒引入北京、上海、广东等高端市场。2010年春季糖酒会期间，酒鬼酒签约金额突破一亿元。①

此外，酒鬼酒引进了一众深耕白酒事业的骨干。比如有多年工作经验的高级酿酒师、品酒师曾盛全，营销管理老将韩经纬等骨干。在这支新管理团队的带领下，酒鬼酒业绩攀升明显，尤其是高端白酒业务增长迅速。

2009年，酒鬼酒年报显示，全年实现营收3.65亿元，较上年增长11.76%；净利润5848.44万元，同比增长42.07%。2010年4月27日，酒鬼酒公布第一季度业绩报告称，第一季度净利润为231.7万元，而上年同期为亏损538万元。②

在业绩攀升的同时，2010年第二季度，酒鬼酒经营团队和投资方中糖集团产生理念分歧，徐可强提出了离职，旗下旧部也随他而去。媒体用"前途难测"来形容当时的酒鬼酒。

2010年8月16日，酒鬼酒发布公告称，总经理徐可强辞职报告已获批准，来自中粮集团的前任总经理夏心国将复任总经理。

至此，酒鬼酒在黄金十年中走过了坎坷但激情澎湃的关键岁月。

在湖南市场酒鬼酒是本地品牌的顶梁柱，可以说，酒鬼酒是少有能拿得出手的湖南本地酒品牌。

由于市场开放程度高，湖南白酒市场在20世纪90年代就被多

---

① 摘自网易财经的文章《徐可强辞职或致酒鬼酒复兴计划夭折》。
② 摘自《证券日报》的文章《酒鬼酒高管人事震荡揭秘：掌舵人徐可强或被架空》。

家诸侯瓜分。像金六福、浏阳河等贴牌酒，就是专门为湖南市场而开发的。在黄金十年间，川酒、黔酒、鄂酒对湘酒品牌形成合围之势。除了高端品牌五粮液、泸州老窖、茅台、洋河、古井贡、白云边、稻花香、四特、西凤等"外来群狼"，更是瓜分了湖南半数以上白酒市场，留给本土酒企的市场不到三分之一。

尽管湖南白酒业曾有非常深厚的底子，邵阳酒厂（即湘窖酒业）、回雁峰酒厂、湘泉酒厂（即酒鬼酒）、白沙液酒厂、常德酒厂（即武陵酒），湘酒"五朵金花"风靡一时。但是黄金十年间，不少品牌没有及时跟上潮流，失去了家门口的阵地，最终被众酒湮灭，多年后再次提及，已成为"历史上的好酒"。

鲁酒转型走出川酒阴影

"鲁酒的独特之处在于芝麻香，芝麻香不仅改写了鲁酒没有自己香型代表的历史，也使'振兴鲁酒'找到了新的突破点和方向。"山东景芝的董事长刘全平说。

作为鲁酒骨干企业，景芝一直以来都将振兴鲁酒作为自身的使命与责任。芝麻香型白酒就是景芝交给鲁酒的答卷。2006年，景芝生产的"景芝神酿"被确定为中国白酒芝麻香型代表，鲁酒终于有了自己的代表香型。这是鲁酒转型的关键节点。

芝麻香型的研究、确立经历了漫长的过程。早在1957年，山东著名酿酒专家于树民就在景芝酒厂发现了芝麻香型白酒，这种酒引起了白酒行业的关注。

此后，景芝一直在探索研究芝麻香。1985年，在景芝酒厂组织的科研成果评定会上,全国的白酒专家充分肯定了芝麻香型白酒,认为可以将其发展为鲁酒的代表香型。于是,景芝又奔忙在起草芝麻香型行业标准和国家标准的路上。1995年,景芝所参与起草的《芝麻香型白酒》行业标准,经中国轻工业联合会批准发布实施。2007年,经景芝修订后的《芝麻香型白酒》国家标准,被国家质量监督检验检疫总局、国家标准化管理委员会联合发布并实施。①

芝麻香的探索研究一直在有节奏地推进着。但在1997年之后,鲁酒企业对芝麻香型的确认抱有更强烈的渴望。这一切与中国白酒两大产区鲁酒、川酒之间的纠缠有关。

鲁酒历史悠久,在鲁酒阵营中,景芝、孔府家、兰陵、扳倒井、古贝香等品牌的酒,品质优良。但自从1997年"秦池之乱"后,鲁酒便长期处于"照搬川酒"的阴影之下。

1997年,《经济参考报》一则报道称:秦池因年产酒量不足,大量收购川酒散酒勾兑售卖。从此,秦池获名"广告酒""勾兑酒",在危机公关失败后,销量一落千丈。

事实上,鲁酒风靡天下时,供不应求,确实有部分鲁酒企业会购买同为浓香型白酒的川酒原酒,进行勾兑分销,再贴上鲁酒的标签。一些鲁酒企业目光短浅,只做川酒的中转商,单纯购买川酒回来勾兑,并不提高自身的酿造能力。这种贴牌生产的模式,造成鲁酒企业畸形的发展态势。

当时有一篇名为《缘何川酒不敌鲁酒》的文章,探究了鲁酒兴盛的原因。文中提到,当时川酒卖价3000元/吨,而山东酒企从四川购买原酒运回,经过勾兑分装后,打上鲁酒的标签,便能卖到

---

① 摘自大众网的文章《景芝创立"芝麻香型白酒"国家标准》。

30000元/吨。

秦池的倒下，揭开了鲁酒表面繁荣的面纱。这让消费者产生了"鲁酒全部是川酒勾兑的，没有自酿能力"的错觉。这种错觉对于鲁酒来说是致命的，导致其失去消费者的信任，品牌形象崩塌。

在数百年前，施耐庵在《水浒传》中写下了一首山东梁山泊的兴亡史诗。其中不少败局都是因为"贪观天上中秋月，失却盘中照殿珠"，令人叹息，这是历史的血泪教训。在几百年后的市场竞争中，山东酒企近乎复刻了这部文学作品中许多绿林好汉的遭遇。但是在白酒的江湖里，并没有文学中的悲剧美感一说，有的只是市场中处处可见的刀与剑，稍有不慎，待回神，已是满盘皆输。

"鲁酒收购川酒进行勾兑"一事，成为鲁酒的沉重阴影。秦池败落后，声誉下滑，同时损害了所有鲁酒的形象。其后，鲁酒的衰落和川酒的兴起形成并行的双线结构。在中国白酒的黄金十年中，鲁酒发展缓慢，落后于川酒。曾经被鲁酒力压的川酒，成为鲁酒前面的大山，鲁酒试图翻越，却难以成行。

复盘鲁酒之失，"秦池事件"暴露出鲁酒的两大失误。第一，鲁酒做了营销，但没有做品牌。第二，鲁酒没有自己的代表香型。绝大多数鲁酒和川酒同为浓香型，区别仅在于鲁酒窖香淡雅，而川酒窖香浓郁。由于鲁酒没有重视自身特色，酿造工艺与川酒雷同，口味与川酒相似，所以"川酒口味"的鲁酒生产得越多，为川酒带去的忠实消费群体就越多。这增强了川酒的力量，最终导致鲁酒染上"川酒阴影"。

因此，转型成为鲁酒的必由之路。质量是产品的生命，好的产品是企业生存的根基。没有生产能力的企业终会被市场淘汰。鲁酒

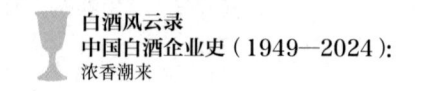

必须生产质量过硬的产品，才能做大做强鲁酒品牌。

意识到这一点后，鲁酒企业在黄金十年间，专注于两点：品牌、香型。它们纷纷加大了对产品质量的把控力度，不断提高产品品质，提升企业的生产能力。泰山生力源建立了亚洲最大的一个酿酒公司，扳倒井研究出让酒香更为浓郁的二次窖泥，趵突泉、古贝春请来五粮液的酿酒专家指导生产……经过众酒企的群策群力，鲁酒质量得到提升，产品品质不亚于国家名酒。

芝麻香型白酒是鲁酒痛定思痛之后的转型成果，其以独具特色的芝麻香为鲁酒带来差异性，从另一跑道实现弯道超车。芝麻香型的确认与发展，承担着打造山东特色白酒知名品牌，提升鲁酒高端品牌市场竞争力，振兴鲁酒的重任。除了景芝，趵突泉、水浒等酒企也生产芝麻香型白酒，产品质量居于中国白酒行业前列。趵突泉芝麻香更是在苏鲁豫皖首届四省峰会上得到了各大白酒专家的一致好评。[1]

在白酒黄金时代，芝麻香迅速实现产业化，闯入白酒市场，动摇了以浓、酱、清三大香型主导的竞争格局，让鲁酒企业看到了复兴的希望。在这个过程中，鲁酒形成"八大金刚"的格局，分别是：潍坊景芝、泰安泰山、济宁孔府家、淄博扳倒井、济南趵突泉、德州古贝春、青岛琅琊台和临沂兰陵。与20世纪90年代的鲁酒前八强相比，黄金十年间形成的"八大金刚"，名次洗牌。十多年前，鲁酒八强几乎被浓香型白酒企业包揽；而十多年后，景芝领衔新的白酒榜单，预示着鲁酒新格局的形成。

---

[1] 摘自大众网的文章《鲁酒飘香源自"酿"内功 如今重酿造风光无限》。

第四节
市场之峰，刀剑相向

走出地域：定点突破，精耕细作

从2005年开始，中国白酒行业持续进入高速增长期。这一年，中国经济快速发展，居民收入和消费水平上升，社会消费结构和消费理念升级，白酒行业迎来全面发展的春天。

白酒黄金十年，距离1988年白酒最初市场化，已经过去了十几年。经过这十几年的积累，一些区域白酒的势力逐渐壮大，渐成一方霸主。

不想当将军的士兵不是好士兵。当力量积蓄起来后，许多区域霸主，并不满足于独大一方，而是抓住时代机遇，谋求全国市场。在此期间，一批泛全国化品牌新贵形成。它们以独身试龙潭、孤身闯虎穴的勇气，单兵闯入其他地区的白酒市场，并站稳脚跟。

因此2003年到2012年，在白酒市场蓬勃发展的同时，行业竞争仍然激烈。黄金十年，无疑是中国白酒的黄金时代，与此同时，也是中国白酒混战的"春秋战国"时代。

中国地广物博，各地地域文化和消费口味存在差异，消费层次多元。不同地域，都有代表当地文化和口味的区域性白酒品牌。中国白酒原本相安无事，但市场化之后，为求生存，各地品牌纷纷出征，由此打破了原本的平衡。

那些具有野心的区域酒企，要去市场一展身手，第一步并不是在全国市场上大规模扩张，而是精耕细作，集中资源抢占一个市场的制高点，突破一个重点市场，成为该区域市场的第一品牌，再突破下一个重点市场。

进入黄金时代，盲目扩张的弊端已经凸显出来，粗放式的市场营销逐渐被淘汰，白酒市场进入精耕细作时代。

走出地域的先决条件，是守好自己的地域。占据省内市场，是任何一个品牌走向全国都不能跳过的布局方式。正如革命要有根据地，出征的第一步也是安稳大后方。如果根基不稳，犯经验主义错误，等别人杀到家门口，则市场之根失矣。

先站稳省内市场，再谋划全国，河北衡水老白干是其中翘楚。

区域性品牌决胜根据地市场的绝招在于准确的战略定位，要挖掘品牌文化和地域优势，创新性地满足本地消费需求。这样一来，区域性品牌与外来竞争者，会形成一套完全不同的运营方式和价值主张，从而有助于守好地盘。"老白干香型"就是衡水老白干走出的品类创新差异化道路。2004年12月14日，国家发展和改革委员会发布公告，批准《老白干香型白酒》行业标准。2007年1月19日，《老白干香型白酒》国家标准发布，同年7月1日实施。这一系列动作标志着老白干香型国家标准正式确立。

由此，老白干倡导发起"老白干香型"，为自身打造了一个没有竞争的空白市场，形成了独特的产品竞争力。

作为地产酒，衡水老白干在地方资源等方面有自身的优势。比起外地品牌，老白干在河北市场上拥有更高的品牌知名度，也更受当地消费者偏爱。同时，销售通路缩短，能更快地从生产厂家到达终端消费市场，让产品实现快速流通。更为重要的是，老白干已经通过多年来的优质产品与优质服务，在当地建立了品牌忠诚度，培育了一批忠实消费者。因而老白干能够在主力消费人群、各级渠道、传播渠道和终端引导等方面进行封锁，形成市场壁垒，在河北市场上成为第一，稳固占领河北市场。

依靠本地资源优势，老白干稳固了河北市场的格局，构筑了抵挡外来品牌入侵的堡垒，这才在竞争激烈的市场化浪潮中站稳脚跟。

根据地守稳后，攻守之势扭转，老白干由守势转变为攻势，开始进军省外市场。山东、江苏、东北三省、广东及新疆都是老白干瞄准的战场。根据"老白干香型"定位，老白干设计了自身的技术研发、营销、组织架构和管理流程。为此，老白干加强了产品研发，装配了出军的"枪"：高中低齐全的新产品线，包括十八酒坊、老白干年份酒、淡雅衡水老白干等产品。

和老白干一样，安徽口子窖也采用"攘外必先安内"的稳健打法，通过超前的盘中盘模式，将安徽市场做得密不透风。

稳固根据地安徽市场后，2000年，口子窖响应国家西部大开发的号召，逐鹿西部市场。为进军西部，口子窖选择有"西北市场桥头堡"之名的西安进行定点开发。

但此时西安白酒市场堪称诸雄争霸：陕西地产酒陕霸为"地头蛇"，不甘示弱；小糊涂仙正热销，气势高昂；金六福、浏阳河虎

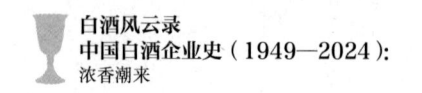

白酒风云录
中国白酒企业史（1949—2024）：浓香潮来

视眈眈。来自安徽的口子窖要如何从中分一杯羹？

口子窖没有冲动地进入市场，而是先对西安市场进行了一番调研，详细研究西安消费者，了解目标消费者对白酒的口感、产地、度数、促销、广告、运作手法等方面的看法，以确定在西安市场的推广方式。

而后，口子窖集中产品资源和促销资源，复制已成功的盘中盘模式，抢占酒店终端制高点。以口子窖作为主打产品，"五年口子窖"定位为商务用酒，将核心目标群锁定为商务人士。从商务用酒的定位出发，口子窖在《华商报》投放广告，宣传"口子窖公布好酒的标准"，目的在于给消费者留下口子窖就是好酒标准的印象。

因核心目标群锁定为商务人士，口子窖主要在西安300多家大、中型酒店铺货。为了不对品牌造成损害，口子窖没有采用当时多数品牌使用的买赠促销方式，而是另辟蹊径，推出"好酒跟好朋友分享"促销活动，做好口碑宣传。在宣传渠道上，口子窖避开了当时金六福、浏阳河等品牌扎堆的高空媒体，将推广集中在地面，创新性地开发了出租车后视窗这一新宣传方式，产生轰动性的宣传效果。

2001年2月，口子窖成为西安同等价位品牌中的第一名。至2001年6月，口子窖的销售额达2000多万元，其西安市场上的主要竞争对手几乎都宣告失败。[①]

口子窖的盘中盘模式大获成功，引得众多酒企纷纷效仿，通过终端开发市场。越来越多中高端白酒品牌也开始研究新型（行业）渠道模式，以期能够解决市场推广问题。它们在渠道和终端为消费

---

① 摘自中国营销传播网的文章《口子窖酒：西安市场四两拨千斤》。

者提供消费机会，从而带动消费，提高销量。

衡水老白干在河北市场的基础上向外延展，口子窖在西安市场上取得的成功，都源于它们专注于核心目标，集中资源深耕区域市场。这也是区域性白酒品牌能够在中国白酒市场中存活下来的原因。不顾根基，一味扩张的企业逐渐被时代淘汰。

之所以必须集中火力攻打一处，是因为从白酒市场竞争的焦点来看，稳固自身根据地市场的二线品牌要想进攻重点市场，只有使用"定点突破、精耕细作"的打法，品牌影响力和资金实力才能高于重点市场的区域性白酒品牌。而当区域性白酒品牌占据本地资源优势时，经营自身根据地市场，也会形成区域割据局面，呈防守之势。所以，在白酒品牌的全国化之路上，目标市场的旗杆虽立，但必须夯实旗杆周围的土地，才能保证旗杆不倒。

立稳脚跟：紧咬市场，蚕食鲸吞

在巩固根据地市场和重点市场后，白酒企业都力求进入更广阔的区域市场，抢占更多重点市场，将之连成片，进行区域性扩张，从而铸就区域性强势品牌，割据一方。

这时，经济较为发达，白酒消费量高的南京、广东等城市就成了各大品牌在脚跟立稳后，重点争夺的战场。

高炉家在根据地安徽省内采取的战略是，先攻占中心城市合肥市场，再带动周边市场，紧接着攻占省内其他重点市场，进行重点投入、重点突破。在攻占合肥市场时，高炉家的营销战略是先抢占核心酒店，形成旺销局面，产生口碑。而后整合营销传播，在电视、路牌等媒体上进行大范围推广，营造旺销氛围，从而进入商超和其他批发零售渠道，攻占节假日普通礼品和家庭消费市场，最终带动中小型酒店，占领整个市场。

这一模式被高炉家复制到江浙地区，以占领南京市场。

品牌进行区域性扩张的前提是，从产品本身、竞争品牌和目标消费者出发，找到市场的切入点，化解进入市场的阻力，赢得消费者的认可。

南京位于中国华东地区，地处中国最大核心经济区——长江三角洲。南京市民人均可支配收入高，爱喝白酒，使得南京成为中国白酒的主要消费市场之一。进入21世纪，南京每年的白酒消费量都达到10亿元以上。南京的包容性强。外来品牌进入南京市场时，不会遭遇地域方面的过多限制。这与江西市场大不相同，江西消费者偏爱本地酒，市场壁垒高，使得外来品牌难以在江西市场立足。

南京位于江苏的西南部，与安徽接壤。其经济的发展不只带动了江苏的镇江、常州等城市的发展，还辐射到安徽，带动了滁州、马鞍山等城市的发展。因而南京被徽酒视为进军全国市场的跳板。

在高炉家进军南京市场时，主要阻力不是来自江苏当地的白酒品牌，而是来自先一步在南京市场站稳脚跟的徽酒品牌口子窖。口子窖推出"五年口子窖"，并凭借终端运作和渠道控制抢占了部分市场。

根据南京白酒市场的情况，高炉家制定了以产品集中和渠道集中为主的营销战略。

从产品本身来说，想要打开南京市场，推出的产品在口感、度数、包装等方面必须恰到好处，既与南京市场的消费文化相符合，又能够抵挡竞争品牌的优势，化解竞争压力。在消费习惯上，南京的高端消费群体偏爱酱香型白酒，大众消费群体偏爱浓香型白酒。大部分消费者选择价格在50元到150元之间的白酒。中档白酒拥有最大的市场空间。

南京白酒市场中档以上的白酒消费主要集中在餐饮渠道。口子窖定位中高端商务宴饮用酒，占据商务、政务市场，已经在酒店等终端形成壁垒。如果高炉家也将产品定位为中高端商务宴饮用酒，那么将面临口子窖带来的巨大阻力，加大开拓市场的成本。因而高炉家瞄准空缺的普通宴饮场合和一般招待用酒市场，定位为朋友聚饮和家庭招待的中档价位用酒。高炉家结合"家文化"塑造品牌，有效连接家庭的温馨与对朋友的牵挂，打动消费者。

同时，高炉家调整品牌口号，提出"真正的徽酒"口号，结合经典的徽派文化，表现出深厚的历史文化底蕴，精准定位南京市场白酒的主要消费人群，形成产品的有效区隔，避免对安徽省高炉家成熟市场造成冲击。

对标口子窖在南京市场推出的"五年口子窖"，高炉家针对性开发了"高炉家酒·1988"。"高炉家酒·1988"餐饮终端价格在100元左右，与"五年口子窖"处于同等价位，且具有纪念意义，以真实的时间概念"1988"，消解了口子窖的"五年"在南京市场上的优势。

从品牌方面来说，南京消费者非常注重品牌文化，不易接受自己不知道的品牌，更容易接受文化底蕴深厚的品牌。这意味着想要攻占南京白酒市场，必须打响自己的品牌，提高品牌知名度。

高炉家选择演员濮存昕作为代言人，利用濮存昕在荧幕上儒雅谦和、沉着低调的形象，传播高炉家"和谐家"的品牌主张，吸引目标消费群体——中年男女。后来，借助江苏举办十运会的时机，高炉家邀请江苏籍篮球运动员胡卫东作为代言人。胡卫东担任江苏南钢篮球队的主教练，在江苏具有相当高的人气。胡卫东的代言进一步提升了高炉家在南京市场上的知名度。

在渠道经营方面，高炉家采用直销模式，以厂方为主，经销商配合。厂方负责市场运营，经销商负责物流配送。经销商的利润源于返利，采用高返利模式获得经销商的配合。高炉家对市场推广中的每个区域、渠道、环节进行精细化管理，由此形成精细的管理网络，使拓展的每一步都能顺利进行下去。

产品品质、产品定位、品牌塑造、渠道经营等方面都做到了精细化经营，由此，高炉家成为南京中档酒市场的先锋品牌，进而具备了进军华东，乃至广东、深圳等华南市场的实力。

泰山同样是区域性市场扩张的典范，但与高炉家"以产品集中和渠道集中为主"的战略不同，泰山的战略核心在于"产品集中"，专注于做好"泰山"。

1998年，泰山瞄准广东中档白酒市场，与东莞华盛事业有限公司（简称东莞华盛）合作推出泰山特曲广东专供系列。

广东作为最早进行改革开放的地区之一，处于中国经济发展的前沿，是一个白酒消费大省，白酒销量占据中国白酒销量的十分之一。当时广东几乎没有知名的本地白酒品牌。这是一块没有狼守着的肥肉，使众多外地白酒争先恐后进军广东白酒市场。

泰山与东莞华盛合作的原因在于，东莞华盛以代理健力宝、可口可乐等饮料起家，掌握了健全的广东饮料销售网络。与东莞华盛合作，借用东莞华盛的饮料销售渠道，泰山能够快速完成市场布局，实现渠道下沉，直扑终端，启动餐饮渠道，带动商超、名烟名酒店等渠道的销售。在营销策略上，泰山在餐饮终端服务方面做出创新，率先大规模推出收瓶盖费、给服务员提供福利等活动，调动服务员的销售积极性。

在与东莞华盛合作的第三年，泰山在广东的销量突破100万箱，此后销售业绩稳步增长，连续几年销售额过亿。由此，泰山在广东中档白酒市场上称王。泰山和东莞华盛这种独特的厂商股份合作关系被称为"泰山现象"。

在广东中档白酒市场称王后，泰山进而进攻浙江、江苏、海南市场，通过复制广东模式，与当地强势经销商合作，快速抢占市场。泰山也因此成为区域强势品牌，为其进一步进军全国市场做好铺垫。

进军全国：水波式进发，板块式谋局

在目标市场立稳脚跟，形成势力后，白酒品牌完成了全国化的关键两步，走过了全国化历程的三分之二。但是俗话说："行百里者半九十。"最后一步，往往是最关键的一步。

许多酒企在黄金十年期间，在区域中很早就成为强势品牌，但并未走向全国。起大早，却还未赶上晚集的例子，并不少见。

因此能够顺利进军全国的品牌，一要有时运，二要有勇气。在这奔忙的市场开拓队伍中，北京牛栏山，是个让人刮目相看的选手。

白酒风云录
中国白酒企业史（1949—2024）：
浓香潮来

全国白酒市场分为高中低三个梯队，每个梯队都有相应的全国性品牌，市场覆盖全国，品牌影响力及品牌知名度亦位居行业前列。如高端酒市场的茅台、五粮液、剑南春、水井坊、国窖1573，中高端市场的洋河、泸州老窖、金六福等，低端市场的沱牌等。

而牛栏山，是低端酒市场的霸主。2000年前后，一瓶牛栏山酒，只能卖到几块钱，和价格为五六百元的高端队伍之间存在百倍差距。但这样一个低端定位的品牌，在多年后，成功冲出了重围，成为占据全国货架的热销产品。

牛栏山的全国化之路，开始于黄金十年的起点，即2003年前后。此前，茅台、五粮液、剑南春等许多名酒的全国化经验，已经是"珠玉在前"。20世纪90年代末，"茅、五、剑"等全国性品牌，早已完成对全国市场的进军、推广。这些老品牌全国知名度高，在全国各地都有较大的影响力，因而占据了大中型城市高端白酒市场。

这些老全国性品牌与其他品牌不同，它们的经营战略更侧重于引导消费市场风向与行业发展，眼界也更宽广。在全国市场，它们比拼的是哪个品牌的影响力更大，是否形成规模优势，以及对资源的掌控程度。

而紧随之后的，被称为区域强势品牌，如洋河、汾酒、西凤、枝江等，它们瓜分区域市场份额，蓄势以待，并逐步攻占全国市场。它们的实力距离一线品牌只有一步之遥，随时准备晋级。

区域强势品牌的成功，绝大部分受益于战略思维的树立，从本地酒的类别中找到了自身定位，从品牌定位出发，配置技术研发、营销、管理、资金等各生产要素。洋河从苏酒中凝练出绵柔型白酒，汾酒掌控清香型白酒掌门人地位，西凤酿造出扎根于当地历史文化的凤香等，无不源于此。

全国市场中这一层次的竞争，已经脱离了运营定位阶段，也不再比拼企业营销管理、流程规划、组织结构和运作等方面，而是上升到品牌竞争。

在品牌化时代，消费者越来越看重品牌，消费倾向也更受到品牌的影响。针对品牌影响力，全国一线品牌往往比区域强势品牌更有终端价位方面的优势。

牛栏山汲取前辈经验，在品牌打造和推广方面，一直将自己作为一个全国品牌，而不仅仅当作一个区域强势品牌来制定策略。这铸就了牛栏山的"全国名牌"之路。

牛栏山全国化布局的底层逻辑是先从核心城市出发，再攻占重点优势市场，最终形成板块。这是"点—面—板块"的市场开拓布局。

牛栏山起家于京郊顺义，2000年之后，在做好本地市场的基础上，又向房山、昌平、大兴、延庆周边挺进。郊区的成功，最终让牛栏山形成合围之势逼向北京城区，从而在北京站稳脚跟。

2002年，牛栏山迎来发展的重要节点。这一年，牛栏山推出超级大单品——牛栏山陈酿。价格亲民的牛栏山陈酿，是牛栏山全国化之路上的开路先锋。牛栏山立足北京，先是将"战旗"插到了邻近的河北，进攻华北区域，后来逐渐吞食全国市场，成就一代传奇。

同样是在2002年，牛栏山还树立起"正宗二锅头，地道北京味"的招牌，在品牌上走出关键一步，巩固安身立命的资本。

此后，牛栏山销售业绩便一路上扬，以年均两位数的增速快速、持续发展。这些优势成为牛栏山在黄金十年期间，向全国进军的基础。

牛栏山的全国化逻辑，同样是先成为区域市场上的王者，再完成全国性品牌的蜕变。

在2010年之前，牛栏山的重点是区域称王，2011年，成为牛栏山走进全国品牌阵营的节点。

从2011年起，牛栏山进入迈向全国的关键阶段，逐渐与全国性名酒企业同台竞技，从一个区域强势品牌，顺利走向全国。当时，牛栏山处于李怀民的领导下。经过在大本营周边市场扎根积蓄力量，牛栏山掀起了一场市场风暴。尤其是大单品牛栏山陈酿，在2010年到2011年间，直接颠覆了河北、天津等北方区域的光瓶酒市场格局，成为华北一霸。

从华北板块开始，牛栏山开始了对全国其他板块的"侵蚀"。

2012年，牛栏山收入突破30亿元。[1]对于区域白酒来说，这是不错的成绩。由此，牛栏山逐渐向华东、华南、西南地区进军。

这一时期，牛栏山的全国化野心，在广告方面体现得尤其明显。当时，牛栏山在北京各大媒体投放广告的同时，还在全国性媒体、酒行业主流媒体进行广告投放，打出了"亲民接地气，好酒牛栏山"的金字招牌。

在华北区域称王和广告加持的基础上，2021年，牛栏山外地市场销售占比超过70%，拥有20多个全年销售额超亿元的外地市场，

---

[1] 摘自网易酒说的文章《中国白酒·澎湃十年：复盘百亿牛栏山，发现酒业"亚马逊"》。

完成了初步的全国化。

牛栏山之所以能够从北京走向全国，除了市场谋划，其低廉的价格，一直是市场开拓的利器。一瓶牛栏山陈酿仅需要几元。在其他白酒都在剥离低端产品、走高端路线的时候，牛栏山显得很另类。

低价是牛栏山的优势，但牛栏山也并不局限于低端。在向全国进军的过程中，牛栏山逐渐开发出了齐全的高中低档品牌，价格从几元到一百多元。

2007年，中国糖酒行业的专业期刊《糖烟酒周刊》提出"民酒"概念，用来描述名酒之外的各区域白酒企业的崛起。民酒并没有名酒那种天然的历史资源禀赋，它们只有市场的刀锋，用其去拼搏一方伟业。

牛栏山就是民酒崛起的典型代表。

在牛栏山单兵作战，向全国进军的同时，越来越多的白酒品牌形成了产业集群，以集团军出征的形式，依靠区域酒系力量吸引消费者，实现整体板块的拓展。

比如，徽酒冲击江苏、华南市场，徽酒、苏酒、鲁酒争先进驻广东市场，豫酒组团南下参加广东酒博会，东北酒南下。徽酒、苏酒、鄂酒等板块在巩固重点市场后，抢占区域市场，并依靠区域市场向全国扩张，力图打造全国性品牌。中国白酒市场已初步形成五大地域板块竞争的格局。

市场竞争，价格比拼，品牌之战……回顾2003年到2012年，在宏观经济向好的大背景下，中国白酒进入飞速发展的黄金十年。

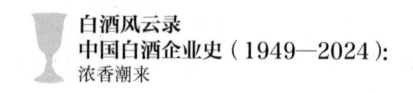

白酒风云录
中国白酒企业史（1949—2024）：
浓香潮来

激烈的市场风云之下，白酒企业既相互淘汰，也相互促进，欣欣向荣，蓬勃而生。

如果将当时的中国白酒地图做成一张热力图，就会发现，全国都是红彤彤的一片。遍地开花、全面繁荣，也成为后来形容那一时期白酒行业的普遍词语。

中国白酒行业的黄金十年，不仅仅有五粮液、茅台等"上层斗法"，在白酒头部阵营掀起风云。各个层级、各个区域的白酒，都在这场黄金浪潮中茁壮成长，不断积蓄力量，以谋取更好的将来。

在那些最灿烂的日子里，有的酒企坚守一方天地，成为省级霸主，而有的酒企则不远万里，奔赴全国，开拓市场。但不论选择如何，所有酒企都在那一时期，乘着行业的东风，找到了自己的高处。成就了一个难以复制的黄金时代。

后记

EPILOGUE

白酒的韵味，历史的回响

白酒风云录
中国白酒企业史（1949—2024）：
浓香潮来

在这部关于白酒行业历史的作品终于完成之际，我感慨万分。回首整个创作过程，从最初的构思、资料的收集、团队的讨论到最后的定稿，每一步都充满了挑战与收获。此刻，我想借这篇后记，与大家分享一些我在这次创作中的感悟和体会。

首先，白酒行业的历史是一部波澜壮阔的史诗。在深入研究的过程中，我被这个行业的丰富性和复杂性震撼。从古代的酿酒技艺到现代的工业化生产，从地域文化的差异到市场竞争的激烈，白酒行业承载着太多的故事和传奇。其中，不仅展现了白酒行业的辉煌成就，也反映出中华民族深厚的文化底蕴和悠久的历史传统。

其次，这次创作让我深刻体会到团队合作的重要性。在策划和撰写本部作品的过程中，我们的团队遇到了诸多困难与挑战。第一，白酒行业历史悠久，资料繁多而分散，要从中筛选出有价值的信息并进行整理归纳，需要耗费大量的时间和精力。第二，白酒行业的发展涉及多个方面，包括原料、工艺、市场、文化等维度，要全面且深入地了解这些知识，需要具备跨学科的能力。第三，我们还要面对市场竞争的压力和时间的紧迫性，确保作品的质量和进度。

然而，正是这些困难与挑战，让我们更加坚定了完成这部作品的信心。我们的团队成员齐心协力，共同克服了种种困难，通过查阅大量文献、深入实地考察、采访行业专家等方式，积累了丰富的素材和资料。同时，我们充分发挥了各自的专业特长和创新能力，不断尝试新的写作方法和表达形式，力求让这部作品更加生动、有趣、易于理解。如今来看，在策划和撰写这部作品的过程中，我们的团队成员之间进行了大量的讨论和交流。每个人都发挥了自己的专业特长和创新能力，为作品的完成贡献了自己的力量。正是这种

后　记
白酒的韵味，历史的回响

团队精神和协作意识，让我们能够克服各种困难，最终完成这部作品。

同时，我也意识到研究历史的不易。由于历史的长河浩渺无垠，白酒行业的发展历程也充满了复杂性和多样性。在挖掘和梳理历史资料的过程中，我们不仅要面对资料的缺失和不完整，还要面对各种观点和解读的争议。然而，正是这些困难和挑战，让我们更加深入地了解了白酒行业的历史和发展脉络，也让我们更加珍惜和尊重历史。

最后，我想说的是，这部作品的完成并不是终点，而是新的起点。白酒行业作为中华文化的瑰宝，其历史价值和文化价值需要我们不断地挖掘和传承。未来，我们将继续关注白酒行业的发展动态和市场变化，为白酒文化的传承和创新贡献自己的力量。同时，我们也期待与更多热爱白酒文化的读者和专家进行交流和合作，共同推动白酒文化的繁荣和发展。

在即将结束这篇后记之际，我想用一句话来概括这部作品的创作过程："跌宕起伏的白酒历史，是我们共同的记忆和财富。"希望这部作品能够激发更多人对白酒文化的兴趣，让白酒文化在新时代焕发出新的生机和活力。

感谢本书工作组的全体成员和酿话的各位伙伴。

欢迎读者与我交流，共同探讨请致电邮 5256100@qq.com。

酿话 发起人　康成

2024 年 5 月 20 日　成都

致谢

ACKNOWLEDGE

在策划和撰写这部作品的过程中，我们遭遇了无数的困难和挑战。白酒行业历史悠久、企业众多，要想全面、准确地记录这段历史，无疑是一项艰巨的任务。我们的团队成员不辞辛劳，深入企业、图书馆、档案馆等，收集了大量的第一手资料，尽量对白酒行业的发展脉络进行了详尽的梳理。在资料收集的过程中，我们不断发现新的线索和故事，这些宝贵的资料为作品的撰写提供了有力的支撑。

感谢本书工作组的所有成员！

感谢为本书访谈和创作提供帮助的所有企业和朋友！

感谢接受本书访谈的每一位受访者！

白酒行业的变迁历程复杂多变，涉及政策、市场、技术等多个方面。要想全面且深入剖析，需要具备丰富的知识和专业能力。酿话团队在这部作品的撰写过程中，不断学习、研究，提高专业素养。我们阅读了大量的历史文献和学术著作，与专家学者进行了深入的交流和探讨，力求做到准确、客观、全面地反映白酒行业的变迁历程。本书的创作引用了部分素材，并尽量按照学术规范进行了引用说明和标注，在此感谢所有我们引用的历史文献和学术著作的作者与专家学者！

此外，由于白酒行业的特殊性，一些历史细节和资料可能并不完整或存在争议。在撰写过程中，我们始终保持着严谨的态度，尊重历史事实，同时也坦诚地面对资料的缺失和争议。我们努力通过多方面的考证和推理，还原历史的真相，让读者能够更加真实地了解白酒行业的发展历程。

如有任何需要沟通、交流的内容，请联系我们。

400-0077-003

18783696220

5256100@qq.com

"浓香潮来",
浓香型白酒的
市场份额不断扩大,
成为白酒市场的
主流产品。

随着市场的变化和
消费者口味的多样化，
白酒市场即将迎来
"酱香浪涌"！

参考资料

RESOURCES

[1] 吴晓波. 大败局[M]. 浙江：浙江人民出版社，2001.

[2] 季克良. 季克良：我与茅台五十年[M]. 贵阳：贵州人民出版社，2017.

[3] 张小军，马玥，熊玥伽. 这就是茅台[M]. 北京：机械工业出版社，2021.

[4] 陈泽明，龚勇. 贵州酒典[M]. 北京：中国商务出版社，2014.

[5] 贾智勇. 中国白酒品评宝典[M]. 北京：化学工业出版社，2016.

[6] 杨宏恩，王东，辛士波，等. 中国白酒企业竞争力指数报告（2020）[M]. 北京：社会科学文献出版社，2021.

[7] 中国贵州茅台酒厂有限责任公司. 中国贵州茅台酒厂有限责任公司志[M]. 北京：方志出版社，2011.

[8] 佚名. 老标王秦池陷入困境[J]. 企业活力，1998(08)：45-46.

[9] 张建平. 电视广告"标王"秦池酒厂采访记[J]. 新闻三昧，1997(10)：14-16.

[10] 叶柏林. 追记山西朔州假酒案的前前后后——绝不能让假酒引发的悲剧屡次重演[J]. 中国质量万里行，2020(01)：18-21.

[11] 鲁超国，刘海鹏. 央视"标王"秦池：大起大落后的中庸[N]. 钱江晚报，2008-06-18(D0003).

[12] 丁峰. 谁把酒水酿成泪水——写在"朔州毒酒案"四年后[N]. 北京青年报，2002-02-08.

[13] 马书光. "标王"秦池启示录[J]. 市场营销案例，2004(02)：4.

[14] 马勇. 中国白酒三十年发展报告（上）[J]. 酿酒科技，2016(02)：

17-22.

[15] 马勇. 中国白酒三十年发展报告（下）[J]. 酿酒科技，2016(03): 17-24.

[16] 吴仁. 白酒，2014？！——回顾白酒行业发展史中的统治者时代[J]. 销售与市场（商学院),2014.

[17] 刘光耀. 从山西假酒案看企业危机公关意识[J]. 公关世界，1998(06): 14.

[18] 佚名. 五粮液灵魂——王国春[J]. 中国酒，2008(05): 30-33.

[19] 罗鸣，刘丽君. 酒魂交响曲——来自四川省宜宾五粮液酒厂的报告[J]. 现代商贸工业，1993(07).

[20] 侯伟胜. 白酒江湖四代王者的兴衰起伏[J]. 商业观察，2022(08): 9-12.

[21] 彭国昌，黄国光，童顺鸣."航空母舰"的威力——五粮液夺取全国白酒行业规模效益"五连冠"探秘[J]. 公关世界，1999(05): 4-6.

[22] 宜宾市地方志办公室. 五粮液四十年改革与启示[J]. 巴蜀史志，2019.

[23] 马红雨. 五粮液的酒业扩张之路[J]. 证券日报·创业周刊，2008.

[24] 杨正良，刘海燕. 王国春与五粮液的多元化之梦[N]. 中国经营报，2003-12-15.

[25] 彭国昌，谢萌，童顺鸣. 五粮液扩张的成功之道[J]. 中国酒，1999(03): 22-23.

- 193 -

[26] 刘润葵. 企业家的人格魅力——剑南春腾飞轨迹描述[J]. 中共四川省委省级机关党校学报, 2000(01): 32-38.

[27] 朱咏. 沱牌公司与上海复旦建立战略联盟[J]. 酿酒, 2000(06): 98.

[28] 何俊. 川酒, 谁是四川销售之王[J]. 中国酒, 2002（04）: 20-23.

[29] 佚名. 1998~2001年中国白酒销售额20强企业[J]. 酿酒科技, 2002(03): 46.

[30] 李蕾. 沪深第一高价股洋河营收超76亿[N]. 新京报, 2011.

[31] 吴永法. 深度分销: 攻克铺货障碍[J]. 现代营销, 2004(02): 22-23.

[32] 闫芬, 周再宇, 马轶红. 内外兼修之郎酒[J]. 旅游时代, 2012(06): 14-15.

[33] 田钰佳. 孔府家酒 重生抑或毁灭[J]. 管理与财富, 2008(01): 64-66.

[34] 汪杜锋. 翘首"12·18"[J]. 糖烟酒周刊, 2004(12).

[35] 吴勇毅. 五粮液乱象[J]. 中国市场, 2009(50): 48-49.

[36] 蔡雨坤, 曹芳华. 黄金酒: 五粮液"遭遇"史玉柱[J]. 广告大观（综合版）, 2009(01): 67-68.

[37] 李鲁辉, 金六福: 资本酿酒[J]. 新理财, 2009(11): 45-46.

[38] 申子超. 茅台VS五粮液: 远日无冤, 近日有仇[J]. 酒世界, 2009(10).

[39] 韩凤军. 天佑德青稞酒, 雪域之巅新传奇[J]. 中国食品药品监管, 2014(07): 61.

[40] 赵志英. 坚持科学发展观, 灾后重建又快又好——记剑南春集团档案工作灾后重建[J]. 四川档案, 2009(03): 19-20.

[41] 王国春. 宜宾五粮液股份有限公司2001年度报告[R]. 四川：宜宾五粮液股份有限公司，2002.

[42] 赵国防. 白酒深度复盘之产业竞争要素篇[R]. 福建：兴业证券，2021.

[43] 黄巍. 看得见的持续增长[R]. 广州：中投证券，2008.

[44] 朱会振. 二次创业结硕果，浓香大王再起航[R]. 重庆：西南证券，2021.

[45] 陈雯. 行稳致远，工匠精神打造液体金字塔[R]. 广东：万联证券，2020.

[46] 陈青青，李依琳. 贵州茅台研究报告：渠道变革史回顾暨未来直销发展贡献展望[R]. 广东：国信证券，2022.

[47] 张晓晖，肖可. 郎酒启示录[N]. 经济观察报，2007-08-27(034).

[48] 孟梅，王力凝. 豪掷63亿 帝亚吉欧控股水井坊[N]. 天府早报，2010-03-02.

[49] 徐雅玲. 从原酒到名酒要走多久[N]. 成都商报电子报，2018-05-16.

[50] 相晓冬. 五粮液过度OEM出现后遗症[N]. 中国企业报，2007-06-21(006).

[51] 黄佑成. 茅台为什么能把团购模式变成巨大推力？[J]. 糖烟酒周刊，2008.

[52] 龚友国. 灾后雄起，剑南春就是剑南春[N]. 中国企业报，2009-03-11(013).

未经许可，不得以任何方式复制或抄袭本书之部分或全部内容。
版权所有，侵权必究。

图书在版编目（CIP）数据

白酒风云录：中国白酒企业史：1949-2024. 浓香潮来 / 张小军，马玥，熊玥伽著 . -- 北京：电子工业出版社，2024.7. -- ISBN 978-7-121-48131-4
I. F426.82
中国国家版本馆 CIP 数据核字第 2024A0Y077 号

责任编辑：黄　菲　　文字编辑：刘　甜　　特约编辑：刘　露
印　　刷：天津千鹤文化传播有限公司
装　　订：天津千鹤文化传播有限公司
出版发行：电子工业出版社
　　　　　北京市海淀区万寿路 173 信箱　邮编：100036
开　　本：720×1000　1/16　印张：14　字数：198 千字
版　　次：2024 年 7 月第 1 版
印　　次：2024 年 7 月第 1 次印刷
定　　价：88.00 元

凡所购买电子工业出版社图书有缺损问题，请向购买书店调换。若书店售缺，请与本社发行部联系，联系及邮购电话：(010) 88254888，88258888。

质量投诉请发邮件至 zlts@phei.com.cn，盗版侵权举报请发邮件至 dbqq@phei.com.cn。

本书咨询联系方式：1024004410（QQ）。